**Os melhores anos
de nossas vidas**

*Domingos Oliveira*
*Joaquim Assis*
*Lenita Plonczinski*

# Os melhores anos de nossas vidas

Organização da coleção
Alcione Araújo

Coleção Dramaturgia de Sempre

CIVILIZAÇÃO BRASILEIRA

Rio de Janeiro
2010

Copyright © 2010 Domingos Oliveira
© 2010 Joaquim Assis
© 2010 Lenita Plonczinski

CIP-BRASIL. CATALOGAÇÃO-NA-FONTE
SINDICATO NACIONAL DOS EDITORES DE LIVROS, RJ

O45m
   Oliveira, Domingos
     Os melhores anos de nossas vidas / Domingos Oliveira, Joaquim Assis, Lenita Plonczinski. – Rio de Janeiro: Civilização Brasileira, 2010.
     -(Dramaturgia de sempre)

     "Baseado nas peças Somos todos do jardim da infância e Era uma vez nos anos cinquenta, de Domingos Oliveira"
     ISBN 978-85-200-0970-3

     1. Teatro brasileiro (Literatura) I. Assis, Joaquim. II. Plonczinski, Lenita. III. Título. IV. Série.

10-1558
     CDD: 869.92
     CDU: 821.134.3(81)-2

Todos os direitos reservados. Proibida a reprodução, armazenamento ou transmissão de partes deste livro, através de quaisquer meios, sem prévia autorização por escrito.

Texto revisado segundo o novo Acordo Ortográfico da Língua Portuguesa.

Direitos desta edição adquiridos pela
EDITORA CIVILIZAÇÃO BRASILEIRA
Um selo da
EDITORA JOSÉ OLYMPIO LTDA.
Rua Argentina 171 – 20921-380 – Rio de Janeiro, RJ – Tel.: 2585-2000

Seja um leitor preferencial Record.
Cadastre-se e receba informações sobre nossos lançamentos e nossas promoções.

Atendimento e venda direta ao leitor
mdireto@record.com.br ou (21) 2585-2002

Impresso no Brasil
2010

# Apresentação

Com a presente coleção Dramaturgia de Sempre, a Editora Civilização Brasileira reafirma, mais uma vez, seu histórico reconhecimento do teatro como genuína manifestação cultural de um povo. É a nossa resposta, no plano editorial, ao sensível crescimento do interesse pela atividade teatral no país, sobretudo entre jovens e estudantes.

Numa avaliação ligeira, esse fato poderia ser atribuído à indução da televisão. Porém, pesquisas recentes constataram expressiva demanda pelo aceso a peças teatrais da parte de professores de primeiro, segundo e terceiro graus.

Dramaturgia de Sempre é uma coleção voltada para esse público: atenta ao valor cultural das peças que publica, interessada em assegurar a compreensão do autor e sua obra, e preocupada em manter acessíveis os preços de capa, sem prejuízo do tratamento gráfico.

Pela sua própria natureza, a experiência teatral pode proporcionar um enriquecedor processo pedagógico-existencial. Estimula em cada participante a criatividade, a disponibilidade à sensibilização, o exercício da compreensão intelectual e da capacidade de reflexão; da perspicácia na observação das pessoas, do controle emocional; da superação da inibição, da valorização da autoestima; da prática da convivência em grupo e do trabalho em equipe. Muito além de um espetáculo sobre o palco — e a alegria da criação pessoal em harmonia com o coletivo —, o resultado no íntimo de cada um é uma compreensão maior da condição humana e das circunstâncias que a determinam.

E tudo começa com a emoção da leitura da peça e a compreensão da sua dramaturgia. Este é o primeiro gesto, o primeiro ato. Só mais tarde, com o processo em andamento, é que as tendências individuais se manifestam. Surgem diretores, atrizes, atores, cenógrafos, iluminadores, compositores, musicistas, figurinistas, aderecistas, maquiadores, costureiras etc. Mas o texto, como este que ora se publica, é a origem de tudo.

Pela importância fundamental da dramaturgia, e para facilitar a compreensão, cada peça é precedida de uma apresentação sobre o autor e seu tempo, sobre a obra e seu contexto.

# Sonho Dourado no Paraíso Tropical

Alcione Araújo

Antes de abrir o pano de *Os melhores anos de nossas vidas*, os autores avisam que "Esta é uma história que aconteceu antes de os Beatles existirem". A banda inglesa é o marco histórico adequado para sugerir à plateia em que época se passa a ação. E na cena do baile de formatura, que os autores chamam de fase final, surge, pela primeira vez na peça, uma Narradora, de microfone à mão, que prenuncia:

Espectadores! Se toda esta história teve um clima de sonho, que seja agora um sonho dourado! Que esvoacem os vestidos, emocionem os violinos refletidos nos espelhos. O lustre magnífico, os rapazes lindos, as moças estonteantes, que o mundo seja azul e rosa, encantamentos, posto que estamos num inesquecível baile de formatura. Um dos vinte inesquecíveis em que íamos todo ano. Alguns detalhes a perceber! A orquestra. Tocando 'Cubanacan', com maestro e tudo.

Não contentes com a habitual indicação na rubrica do texto, os autores exigem a explicitação ao vivo no palco, pela voz da Narradora, que só aparece nesse momento, para dizer que toda a peça tem clima de sonho, e o final, de sonho dourado. E nos exorta a crer que o mundo seja azul e rosa.

A ênfase faz sentido para quem lê a peça agora, pensa encená-la amanhã ou a assiste encenada nos dias de hoje. Nos anos 1950, ditos os melhores de nossas vidas, era num clima de sonho que os jovens da zona sul viviam os dias tranquilos do pós-guerra na cidade maravilhosa, cheia de encantos mil, coração do meu Brasil. O Rio de Janeiro era então a cosmopolita e trepidante capital federal, centro das decisões nacionais, de onde, depois do traumático suicídio do presidente Getúlio Vargas, governava Juscelino Kubitschek, o mais democrático, empolgado e festivo da história, cujo plano de metas insuflou desenvolvimento no país e contagiou a população de otimismo, esperança, autoestima e confiança. A cidade realizava várias sínteses: balneário e metrópole, praia e poder, carnaval e futebol etc. No entanto, sem saber, o Rio de Janeiro vivia o estertor da gloriosa era de Distrito Federal; pouco depois foi esvaziado com a mudança da capital para Brasília.

Bairro cartão-postal, a Copacabana d'*Os melhores anos de nossas vidas* era cantada e decantada em prosa e verso como a Princesinha do Mar, glamourosa praia do Paraíso Tropical. Lugar mágico que combina o banho de mar desinibido, estar ao sol ou praticar jogos de areia com a sofisticação da vida noturna, roupas a rigor nos *night clubs* ou jantar à luz de velas no Copacabana Palace. Mitos inflaram a pródiga base real e criaram lendas: praia aberta sem discriminação social ou racial, onde o corpo livre e seminu cruza com o corpo vestido para o trabalho. Também o perfil real inchou estereótipos: o carioca é um *bon vivant*, amável, bem-humorado, sensual, sem agressividade, de pouco trabalho e muita diversão. Com ou sem excessos, nos anos cinquenta do século passado acreditava-se que estando em Copacabana se estava no melhor dos mundos.

OS MELHORES ANOS DE NOSSAS VIDAS

O cotidiano da *jeunesse dorée* de *Os melhores anos de nossas vidas* gira em torno de praia, música, cinema, festa, cuba-libre, dança, namoro, paixão, amor, sexo, basquete, bonde e maiô de duas peças, a sensação do momento. Mas inclui também a difícil descoberta das diferenças individuais e as respectivas dificuldades de relacionamentos: a rejeição, a solidão, a frustração, assim como a gravidez adolescente e a violência doméstica e, ainda tímida, a violência urbana. Para alguns, pode chegar até a extremos como tentativa de suicídio, agressão e morte. Mas o drama genuíno, que, no âmbito da peça, significa desafio, incerteza, medo e trabalho exaustivo, é o exame vestibular, um tormento para os rapazes, e, pelo que sugere a peça, não ainda para as moças.

De volta à enigmática Narradora, quando diz "... estamos num inesquecível baile de formatura. Um dos vinte inesquecíveis em que íamos todo ano", com o verbo no passado, a personagem está vocalizando os autores que, eles sim, "inesqueceram" os vinte bailes a que iam todo ano. Pode-se inferir que a nostalgia do "paraíso perdido" foi um dos impulsos para escrever esta peça — o que não lhe retira nem acrescenta méritos, apenas ajuda a compreendê-la. Vale a pena resumir aqui a curiosa gênese desta peça singular, escrita por três autores, algo inédito, senão raríssimo, e adaptada de duas outras, algo raríssimo, senão inédito. Esses fatos me contou o autor original, o próprio Domingos Oliveira.

Aos 21 anos, ele escreveu sua primeira peça, *Somos todos do jardim da infância,* que trata do mundo dos adolescentes de Copacabana, nos anos 1950. A peça foi ensaiada com atores adolescentes iniciantes, dirigida pelo próprio Domingos, que, não dispondo de um teatro, programou apresentações no seu próprio apartamento. Arredaram móveis, instalaram refletores, criaram figurinos. O espetáculo era pontuado por uma bateria; junto com as músicas, os diálogos e os gritos atormentavam o descanso noturno dos vizinhos do autor-diretor — dono do teatro. Toda noite havia protestos exigindo cumprimento da lei do silêncio. Mas a produção, empolgada com as apresentações, não tinha ouvidos para os moradores, e o síndico via-se obrigado a desligar a energia do prédio, obrigando o espetáculo a... se apresentar à luz de velas.

Um diretor da TV Globo — emissora iniciante num país que criava oportunidades em todas as áreas — assistiu ao espetáculo, e Domingos foi convidado a fazer um programa sobre jovens e para jovens, inspirado na sua peça. Foi assim que a televisão entrou na sua carreira. Mais tarde, interessou-se pelo cinema e dirigiu *Todas as mulheres do mundo*, que inovou a narrativa cinematográfica de histórias de amor e, em seguida *Edu, coração de ouro*. Embora seu porto tenha sido por muitos anos a televisão, não abandonou completamente o teatro, principalmente como diretor, e eventuais incursões como autor, inclusive na que considero sua peça mais madura e pessoal, *No fundo do lago escuro*, que por um tempo teve o nome mudado para *Assunto de família*, que trata, de maneira sutil, sensível e amorosa, da banalidade cotidiana, dos preconceitos, das mesquinharias e do ridículo da classe média carioca... dos anos 1950. Essa década parece ter sido, além de seminal, a mais fecunda da sua dramaturgia.

Após completar 40 anos, na fase pós-desbunde, pós-contracultura e pós-ditadura, depois das intensas experiências existenciais, psicodélicas e políticas que esgotaram as energias criativas da sua geração, Domingos foi buscar, outra vez na adolescência — sua inesgotável força telúrica —, inspiração para uma nova peça. Escreve *Era uma vez nos anos cinquenta*, na qual retoma não apenas a época, agora explícita no título, mas o tema, a idade das personagens e a Copacabana de *Somos todos do jardim da infância.*

Outra vez um diretor da TV Globo assistiu ao espetáculo e, de novo, propôs a Domingos escrever uma minissérie inspirada em *Era uma vez nos anos cinquenta.* Ele aceitou imediatamente e chamou os amigos Lenita Plonczinski e Joaquim Assis para ajudá-lo na cansativa empreitada. Depois de meses de trabalho, finalmente conseguiram entregar os 60 capítulos da minissérie. Porém, a essa altura, a emissora tinha outros planos, e a minissérie não foi gravada. A TV Globo preferiu produzir uma outra minissérie, também sobre jovens, porém da zona norte. Gravou e levou ao ar *Anos dourados.*

Nos anos 1990, livre dos compromissos com a TV Globo, Domingos fez sozinho um percurso que é o inverso do habitual: adaptar um roteiro de televisão para o palco. E transformou os 60 capítulos da minissérie, mais de 40 horas de narrativa dramática na peculiar linguagem audiovisual, numa peça teatral para espetáculo de cerca de duas horas, *Os melhores anos de nossas vidas,* que se publica, pela primeira vez, nestas páginas, para orgulho da coleção Dramaturgia de Sempre.

Embora dispondo dos originais das suas duas peças — *Somos todos do jardim da infância* e *Era uma vez nos anos cinquenta* — Domingos as preteriu e trabalhou a adaptação diretamente dos capítulos da minissérie, quem sabe estimulado pelas contribuições dos coautores, aos quais, aliás, concede coautoria também da peça, mais como homenagem afetiva do que, digamos, obrigação legal. Mas esse percurso às avessas, do texto de TV para o texto de palco, deixou na versão final da peça as marcas da pista pouco usada — diria até nunca usada, segundo buscas e consultas que fiz —, que merecem consideração. Listados os personagens da peça, somam quase cinquenta, entre os quais um bebê recém-nascido, quatro halterofilistas, crianças de 10 anos, enfermeiros, policiais etc., com participações episódicas —, o que é típico da narrativa audiovisual, mas uma temeridade à economia teatral, e um disparate à logística da encenação, numa concepção cênica convencional (bebês, crianças, halterofilistas toda noite no teatro!), com o risco de haver mais pessoas no palco do que na plateia. Como herança da TV, a estrutura da narrativa está dividida em capítulos, e os capítulos em cenas, quase sempre curtas, ágeis, entrecortadas, usando de liberdades com o tempo (cena de ontem, depois da de hoje), que pulverizam a ação em lugares distintos, e com distintos personagens, tão comuns no cinema e na TV. A estrutura da narrativa audiovisual troca a ênfase na palavra, tradicional aliada do teatro, pela objetividade da ação e pelo fascínio das imagens. O que, em tese, sombreia nuances da subjetividade das personagens — segundo a Psicanálise, quem fala, se fala; quem mais fala mais se revela! — tornando-as mais toscas, menos compreensíveis, mais superficiais e mais semelhantes. Por isso, supostamente menos teatrais. No entanto, se for verdade, não é necessariamente negativo do ponto de vista da comunicação com plateias jovens. As profundas transformações da percepção estética da garotada, educada, formada e dominada pelo audiovisual tem preterido os palcos — assim como a leitura! — pelos encantos tecnológicos disponíveis na televisão, cinema, internet, celular, Ipod, MP3, em games, clipes, CD, DVD, redes sociais etc. O consumo rápido e ansioso da informação, a absorção simultânea de imagens, a superposição interativa dos hiperlinks etc. criaram uma insaciável voracidade pelo movimento do pensamento e da animação das imagens; pela novidade e velocidade das ações, que, ao ser esboçada pelo teatro, exigirá, no mínimo e ao mesmo tempo, fluidez da narrativa, leveza do drama e objetividade das personagens, que terão mais certezas do que dúvidas, rápida mutação das emoções, das cenas e dos cenários; o uso farto da música e da dança.

São justamente essas características, herdadas conscientemente ou não da minissérie, que tornam *Os melhores anos de nossas vidas* adequada aos grupos ou a companhias teatrais jovens, naturalmente atraídos por uma linguagem cênica não convencional. A peça permitiria, por exemplo, que cada ator represente três, quatro, cinco ou mais personagens. Dialogaria bem com uma abordagem multimídia do espetáculo, com câmeras e telões. E com a música ao vivo, banda no palco, quem sabe atores-músicos? Além de uma história de jovens para o público jovem, um espetáculo de linguagem jovem.

Embora não seja a rigor um musical — não tem, por exemplo, partituras criadas especialmente —, muitas das músicas indicadas vão além de mera criação de clima e *background* ou motivação para a dança, ou eventual pontuação para algum comportamento peculiar. Além da sugestão de época, algumas músicas têm carga simbólica, emocional e dramática, alusivas à cena na qual estão indicadas. Mas o tratamento geral aponta para a leveza juvenil e para a agilidade do musical.

Toda a trama se desenvolve em torno dos quatro jovens — Felipe, Edgar, Pedro e Artur — que, além de frequentarem o cursinho preparatório do Professor Siqueira, reúnem-se para estudar de dia e de noite, na exaustiva batalha de passar no exame vestibular, drama conhecido de todo jovem da classe média brasileira. Em torno deles, os pais — e suas expectativas de futuro para os filhos — e as garotas — Ana Maria, Adriana, Matilde —, que trazem para a trama os namoros, as paixões, as traições e as conquistas, assim como os dramas de suas famílias. Há a bela (Norma) que é desejada por Edgar, mas prefere um cadete (Euclides). O desajustado (Medeiros) filho de militar reformado viúvo. Truculento, alegra-se com brigas. Na academia (de Cirilo), rouba os halterofilistas, que o desmascaram e se vingam. Os vestibulandos descobrem o amor bandido pelas prostitutas, e a apaixonada Ana Maria tenta suicídio com analgésico. Eles sofrem as dores de cotovelo e experimentam o encontro amoroso entre eles. Ao final, Medeiros agride um operário, é esfaqueado, e morre. No vestibular, uns passam, outros não. É ação de 60 capítulos de TV concentrada numa peça teatral! Um delírio!

Muitos autores escreveram sobre jovens, na literatura, no cinema e no teatro. A maioria acha que nessa fase estão *Os melhores anos de nossas vidas*. Com esta peça, Domingos não apenas confirma a opinião, como a demonstra ao tratar os jovens com carinho e ternura, e não apenas a dos anos 1950, embora tenha sido esta a década da sua própria juventude. Ele, que mantém o espírito jovem, ativo e produtivo, sabe que a juventude é eterna, e o que se escreve sobre ela tem vocação para a eternidade.

# Sumário

Personagens 19

## 1º ATO

Primeiro Capítulo — Os 4 mosqueteiros 23
Segundo Capítulo — Completando a patota 31
Terceiro Capítulo — Um quadrado amoroso 59
Quarto Capítulo — Conflitos 93

## 2º ATO

Quinto Capítulo — O baile de formatura 111
Sexto Capítulo — O vestibular 137
Sétimo Capítulo — Depois do dilúvio 149

*Esta é uma história que aconteceu
antes de os Beatles existirem.*

# PERSONAGENS

FELIPE
ARTUR
EDGAR
PEDRO
MEDEIROS
JUQUINHA
ANA MARIA
ADRIANA
MATILDE
PROFESSOR SIQUEIRA
DONA ROSA, mãe de EDGAR
ILANE
DONA MARGARIDA, mãe de FELIPE
CIRILO
PAI DE MEDEIROS
SEU JACÓ, pai de EDGAR
NORMA
PAI DE ANA MARIA
SEU EMÍLIO, pai de FELIPE
SEU HEITOR, pai de ARTUR
OPERÁRIO
RAQUEL, irmã de ANA MARIA
DONA VERA, mãe de ARTUR
MÃE DE ANA MARIA
NARRADOR
COMISSÁRIO
EUCLIDES, o CADETE
ENFERMEIRO
INSPETOR
SARINHA

TADEU
COPEIRA
PROSTITUTA
ATENDENTE
MOÇA 1
MOÇA 2
COLEGA
GUARDA
MULHER 1
MULHER 2
HALTEROFILISTA 1
HALTEROFILISTA 2
HALTEROFILISTA 3
HALTEROFILISTA 4
CADETES
GAROTA DE 16 ANOS
CAIXA
PORTEIRO
MARLY, sobrinha de ANA MARIA

# 1º ATO

# Primeiro Capítulo
## Os 4 mosqueteiros

### 1.

*Sala apinhada de cursinho pré-vestibular nos anos 1950.*

PROFESSOR SIQUEIRA

Eu estou aqui para fazer vocês passarem no vestibular. Ganho pra isso. Os menos imbecis levam chance. Abram bem os olhos, limpem os ouvidos e estudem a partir de agora! No fim do ano a coisa piora muito. Ano passado, na véspera da prova de Álgebra, tinha gente em pé na janela! Os automóveis fazem mais barulho no fim do ano. (*Escreve fórmulas no quadro.*) Vestibular é pra passar no vestibular. Se der pra aprender alguma coisa, aprende. Se não, decora, dá um jeito! Eles, lá na faculdade, não estão interessados em descobrir se vocês sabem ou não sabem alguma coisa. Se estivessem, fariam um outro tipo de prova, menos estúpido. Estão só querendo saber quem é que está grandinho e não faz mais cocô nas calças, que é pra não sujar os bancos da faculdade.

*Algazarra. Os alunos dispersam.*

## 2.

*Na casa de* ARTUR. *Classe média, média. O pai de* ARTUR, SEU HEITOR, *conversa com ele, ao fundo um acordeom toca "Saudades do matão". É a mãe de* ARTUR, DONA EVA, *quem toca.*

SEU HEITOR

... uma decisão que custei a tomar. Não me acostumo com isso aqui. Quero voltar para a fazenda.

ARTUR

*Endireitando os óculos Ray-Ban.*

Mas ô pai, tá todo mundo aqui. Meus amigos estão todos aqui. E tem o vestibular.

SEU HEITOR

Amigo se faz em toda parte, Artur. (*E sendo sincero.*) Meu filho, você tem a vida pela frente e a minha já vai longe. Pra sua mãe também vai ser duro largar os alunos de acordeom. (*Hesita, depois fala, pegando na mão do filho.*) Artur, eu estou precisando voltar. Estou com saudade do boi.

ARTUR *se vira para os rapazes, que estão*
*na sala de estudos.*

ARTUR

Foi assim que ele falou. Tô roubado.

*A comunicação de* ARTUR *gera pânico.*

## 3.
*Sala de estudos.*

*Quadro-negro,* FELIPE, EDGAR, PEDRO *e* ARTUR.

FELIPE

Mas isso não pode ser! Teu pai me desculpe, mas não pode ser!

EDGAR

Como é que você vai embora, pra sempre? É isso?

PEDRO

Precisamos fazer alguma coisa.

*Os rapazes começam a botar paletó.*
FELIPE *bota até gravata.*

EDGAR
*Com a precisão de um assalto a banco.*
Bom, eu começo dizendo o negócio de que é uma coisa importante pra gente, amizade de três anos.

PEDRO

Tem que dizer que a gente está triste.

FELIPE

Preocupado é melhor.

EDGAR

Aflito!

FELIPE

Negócio do estudo deixa pra mim. E quem faz a piada do boi?

*Os rapazes estão agora diante de* SEU HEITOR.

**4.**
*Na casa de* ARTUR.
DONA VERA, *a mãe de* ARTUR, *no sofá.* ARTUR *de costas, limpa os óculos.*

FELIPE

A gente ia ficar muito triste, seu Heitor.

PEDRO

E preocupado.

EDGAR

E aflito.

FELIPE

Porque o Artur tá fraco em Matemática, e eu preparei um programa que se ele for não vai ser possível, e é pena, porque está dando certo.

SEU HEITOR *sorri. Parece concordar com aquilo tudo.*
PEDRO *se anima.*

PEDRO

E depois, Seu Heitor, se o senhor está com saudade de boi, imagina a saudade que a gente ia sentir do Artur?

*Os rapazes riem, conforme ensaiaram.*

SEU HEITOR

É muito bom saber que Artur tem amigos como vocês. Mas infelizmente...

EDGAR
*Cortando, antes que seja tarde.*

O senhor não precisa responder agora.

FELIPE

Pode pensar com calma.

SEU HEITOR
*Após um instante.*

Meus filhos, eu já pensei tudo que tinha pra pensar.

*A cena dispersa. Rapazes desesperados.* EDGAR *chama* FELIPE *num canto, grave e definitivo.*

EDGAR

Felipe, suspeito que esta seja uma missão para Dona Margarida.

5.

*Aquela noite, na casa de* FELIPE.
*É madrugada.* FELIPE *estuda Geometria, o livro sob*
*o abajur.* DONA MARGARIDA *vem ver por que ainda está*
*acordado. De camisola, ela fala baixo,*
*tem gente dormindo.*

DONA MARGARIDA

... Onde é que se viu, estudando às duas e meia da manhã?!
Tudo tem hora, parece mania...

FELIPE

Estou sem sono, mãe. Melhor ficar estudando do que acordado na cama.

DONA MARGARIDA

Mas por que sem sono? Há motivo?

FELIPE

Eu estou chateado, mãe.

DONA MARGARIDA

Pode-se saber por quê?

FELIPE

O Artur vai embora pra São Paulo, mãe. E não vai mais voltar. Os pais resolveram levar ele.

### DONA MARGARIDA
Devem ter seus motivos...

### FELIPE
*Que libera, sempre que tem chance, suas raivas
contidas contra a mãe.*
Vocês pais são todos iguais! Dizem que pensam no bem dos
filhos, mas na hora agá o filho que se dane!

### DONA MARGARIDA
Felipe, não admito que você fale assim comigo!

### 6.
*Na casa de* FELIPE, *momentos mais tarde.*
DONA MARGARIDA *confabula com* SEU EMÍLIO *e resolve agir.*

### DONA MARGARIDA
Não é bom esse Artur ir embora, Felipinho está esquisito.

### SEU EMÍLIO
Coisa da vida, não podemos fazer nada.

### DONA MARGARIDA
Como não podemos?

### 7.
*Casa de* ARTUR, *no dia seguinte.*
DONA MARGARIDA, *empenhadíssima em seu discurso,
convence os pais de* ARTUR. ARTUR, EDGAR, PEDRO *e*
FELIPE *num canto da cena.*

### DONA MARGARIDA
... Um menino encantador, além de muito reservado. O ambiente vivia alegre lá em casa, agora dá pena ver. Por isso to-

mei a liberdade de vir aqui suplicar, a palavra é esta! — para que os senhores permitam que Artur fique conosco no Rio, morando em nossa casa, como nosso filho!

*Todos estão tomando cafezinho.* DONA MARGARIDA *não consegue beber o seu porque fala toda vez que a xícara está alcançando a boca.*

DONA EVA
Eu não aguentaria viver longe do meu filho...

DONA MARGARIDA
Ninguém melhor que eu compreende o quanto é duro ficar afastada de um filho, eu não ficaria afastada do meu Felipinho de jeito nenhum.

SEU EMÍLIO
*Um tanto encabulado.*
Margarida é muito exagerada...

DONA MARGARIDA
Deixa eu falar, Emílio. O mundo moderno está um perigo, principalmente para os rapazes desta idade. Eu por mim só espero que os meus casem cedo, que assim a mulher toma conta.

DONA EVA
Mas seria incômodo demais para a senhora...

DONA MARGARIDA
Nenhum, Eva, nenhum! Tudo que for para manter Felipinho em casa eu não meço esforços. E o que melhor para isso do que botar o melhor amigo para morar em casa? Botar o Arturzinho para morar conosco é das melhores coisas que me podiam acontecer, foi Santa Edwiges que arrumou essa situação...

SEU EMÍLIO
*Embaraçado.*

Margarida é muito devota...

DONA MARGARIDA
Deixa eu falar, Emílio. E assim, do mesmo modo que o Arturzinho ajuda a prender o Felipinho, o Felipinho ajuda a prender o Arturzinho.

*Os rapazes se entreolham.* ARTUR *sorri.* FELIPE *se levanta já falando e indo para o local de estudo. Enquanto acontece a cena, os pais de* ARTUR *vão embora levando mala e acordeom. Acenam para* ARTUR, *que responde, embora já na outra cena.*

# Segundo Capítulo
## Completando a patota

MATILDE, ADRIANA, ANA MARIA, RAQUEL, NORMA...
*e MEDEIROS, o terrível.*

1.

*Estão na sala onde estudam e ficam a maior parte do tempo.*

FELIPE

*Diante de um quadro-negro com as fórmulas escritas.*
E o lado do pentágono?

PEDRO

Raiz de três sobre dois.

FELIPE

Não.

*O ritmo é muito ágil.*

PEDRO

Raiz — pera aí — raiz de três sobre três!

FELIPE

Não, Pedro, não!

PEDRO

Então já sei: dois raiz de três sobre três!

FELIPE

Também não. *(Joga um livro para ele.)* Vai estudar, vai. Senão não adianta. Edgar, sua vez.

EDGAR

Tô acabando de copiar a aula de Química.

FELIPE

Copia em casa, né, Edgar?

ARTUR

*Mais afastado, lendo um gibi.*

Hoje não está dando. Muito calor.

EDGAR

Gente, sabe quem eu encontrei ontem no bonde? Aqui entre nós, hein?

2.

*Dia anterior, no bonde. Conhecemos* MATILDE.
*Barulho de bonde.* EDGAR *senta, por acaso,*
*ao lado de* MATILDE.

MATILDE

Foi ótimo eu te encontrar sozinho sem a turma.

EDGAR

Ah, é? Por quê?

MATILDE

Ah!... porque... eu tava querendo falar com você. Há muito tempo que eu tava querendo falar com você.

#### EDGAR

E por que não fala?

#### MATILDE

Agora? No bonde?

#### EDGAR

Se não falar agora, só na semana que vem, porque essa semana a turma vai estudar junto a semana inteira, estamos até o pescoço de matéria!

#### MATILDE

Esse fim de semana foi ótimo! Fiz uma excursão com as bandeirantes, aí encontramos com um grupo de escoteiros. Foi bom à beça! Bacana!

#### EDGAR

Então é por isso que você tá tão contente. Escoteiro, coisa e tal, deve ter arranjado um namorado.

#### MATILDE

Não! Não foi nada de namorado, não, imagina! Eu gosto de alguém há muito tempo!

*EDGAR sente a seriedade da confissão.*

#### EDGAR

Ah, é? Que bom, Matilde. É alguém que conheço?

#### MATILDE

É.

#### EDGAR
*Interessadíssimo.*

É? Quem?

**MATILDE**

Não posso dizer, Edgar, de jeito nenhum!

**EDGAR**

*Arriscando.*

É da turma?

**MATILDE**

É.

**EDGAR**

É? Hum.

**MATILDE**

Não posso dizer, Edgar... Não adianta.

**EDGAR**

Eu já sei. Você está apaixonada pelo Felipe!

**MATILDE**

Não. Pelo Felipe eu estive, um ano e meio, mas agora não estou mais. Eu, apaixonada pelo Felipe!

**EDGAR**

Pensei. Então é pelo Artur!

**MATILDE**

Não. Juro!

**EDGAR**

Matilde, você está apaixonada pelo Pedro?

**MATILDE**

Também não é pelo Pedro, não!

### EDGAR

Puxa, agora eu lembrei, eu tinha marcado um encontro com Artur, eu vou saltar aqui... Até logo, Matilde.

*Pula do bonde andando.*

## 3.

*Na sala do cursinho pré-vestibular. O processo da folhinha. Clima delirante puxado ao vermelho.* Quinta sinfonia *atemorizante, enquanto* PROFESSOR SIQUEIRA *martela uma folhinha na parede, as marteladas coincidindo com os acordes beethovenianos.* JUQUINHA *entra em cena.*

### PROFESSOR SIQUEIRA

Cada dia é menos um dia. É o processo da folhinha! Faltam 250 dias para o vestibular. Os de orelhas maiores já estão no pau. Mas os de orelhas menores ainda têm chance. Não levo fé nesta turma, sinceramente! Juquinha!

JUQUINHA *leva um susto e quase cai da carteira.*

### JUQUINHA

Professor, meu nome não é Juquinha...

### PROFESSOR SIQUEIRA

Passa a ser! Aqui dentro todo mundo é Juquinha. Vem segurar o prego aqui, Juquinha, pra eu martelar!

### JUQUINHA

Mas o senhor vai martelar meu dedo, professor.

### PROFESSOR SIQUEIRA

É possível, Juquinha, mas que que tem isso? Só cresce quem sofre.

*Cara de* JUQUINHA *apavorado, esperando a martelada.*

4.

*Banco de praça,* ANA MARIA.
FELIPE, *ao lado de* ANA MARIA, *vive uma situação difícil.*

FELIPE

O amor, Ana, é uma coisa que existe... e eu sei, não é o que sinto por você.

ANA MARIA *olha o chão.*

FELIPE

Eu tô sendo bacana com você. Tô sozinho, Ana. Doze horas de estudo por dia dão uma solidão danada num cara... Ir ao cinema... no Alaska, com você... é a melhor coisa que eu fiz na vida... Você sabe como é que eu fico. Mas eu não te amo. E se não é você que eu amo, eu... eu tenho que continuar procurando... eu tenho que continuar procurando até achar. Vamos acabar, Ana.

*Pausa,* ANA MARIA *levanta subitamente.*

ANA MARIA

Você é meu amigo?

FELIPE

Claro.

ANA MARIA

Você gosta um pouquinho de mim? Você gosta mesmo de ir ao cinema comigo?

*Eles se beijam e se excitam.*

ANA MARIA

Então fica comigo... Pode ter sua vida, namorada, quem quiser, mas fica comigo...

FELIPE *se afasta um pouco.*

### FELIPE

E se um dia eu encontrar esse alguém que eu procuro? Eu vou ter que te largar, Ana.

### ANA MARIA

Fica comigo até esse dia.

## 5.

*É noite na casa de* ANA MARIA, *apartamento pobre.*
*Num canto seu pai dorme de costas e ronca.* RAQUEL, *irmã*
*de* ANA MARIA, *tem um bebê no colo que chora.*

### RAQUEL

Para de chorar! Engole esse choro! Para de chorar e fala, senão eu não entendo nada! Vou te bater! Para!

### ANA MARIA

*Pegando a menina do colo de* RAQUEL.
Vem com a tia Ana, vem! Pronto!

### MÃE DE ANA MARIA

*A* RAQUEL.
Você precisa ter mais paciência com a criança! Ela assim vai acabar ficando nervosa...

### RAQUEL

*Desesperada.*
É porque não é a senhora que tem de estar em pé às cinco horas da manhã pra ir trabalhar naquela merda de trabalho, pra ganhar essa merda de dinheiro!

ANA MARIA

Mas a criança não tem culpa. Os inocentes não têm culpa.

RAQUEL

Nem eu! Já tô cansada de tanta pobreza! De não ter nada! Qualquer dia eu viro logo isso que papai fica dizendo aí que a gente é, e pronto! Fica tudo resolvido. Não adianta ficar sonhando mesmo; homem rico eu já sei que não vou conseguir, instrução não tenho. Sorte grande não dá em urubu!

*Afastada,* ANA MARIA *consegue acalmar* MARLY.

ANA MARIA

Pronto, vem dormir com a tia Ana, tá bem? Viu? Ela tem medo do ronco do papai.

6.

*Praia de Copacabana, na areia, apresentação de* ADRIANA.
*Os quatro olhando o mar, a praia movimentada.*
*Calção, barraca, peteca, bolas, livros etc.*

ARTUR

Tá forte o sol, hein?

FELIPE
*De mau humor.*

Pois é, sem barraca...

EDGAR

Olha lá aquela, como é boa, seu...

PEDRO
*Olhando.*

Muito menininha...

ARTUR

*Filosófico.*

Vocês preferem bunda grande ou peito grande?

*Entra* MATILDE *por trás deles.*

MATILDE

Olá, pessoal! Chegaram cedo na praia hoje? Milagre! Essa é uma amiga do colégio que se mudou pra perto da minha casa, agora a gente vai vir sempre junto na praia. Adriana!

ADRIANA *sorri, é linda, tem um sorriso lindo.*
*Comoção geral, os rapazes levantam.*

FELIPE

Prazer, Felipe!

EDGAR

Encantado!

PEDRO

Pedro, ao seu dispor.

ARTUR

Olha, você é linda.

ADRIANA

Obrigada, você também é lindo.

ARTUR *não esperava resposta.* MATILDE *fica vermelha.*

MATILDE

Adriana, você diz cada coisa! Nossa!

ADRIANA *tira a saída de praia. Está com maiô*
*de duas peças. Sensação.*

MATILDE

Adriana! Você usa!

ARTUR

Uau, você quer matar a gente?

EDGAR

Legalzíssimo esse teu maiô.

PEDRO

Eu adoro verde, maiô verde, né?...

ADRIANA

*Mostrando o corpo.*

É lindo, não é? Eu fiquei apaixonada quando vesti. Até eu me achei bonita com esse maiô! E é uma delícia de usar. A gente se sente livre. E bom mesmo é nadar! Por falar nisso! Vamos?

ARTUR *vai atrás dela até o mar.* MATILDE *fica tomando sol.* FELIPE, EDGAR *e* PEDRO *de longe olhando.*

ARTUR

A água está ótima, geladinha. Adriana, estão dizendo aí na praia que tem muita gente gamada em você. Pelo menos quatro...

ADRIANA

*Divertindo-se.*

Como vocês são galantes, isso sim! Eu é que vou me apaixonar pelos quatro!

### ARTUR

Menos por mim, naturalmente. Que uma moça moderna não vai se apaixonar por um roceiro; eu sou do interior, fui criado em fazenda, meu pai é fazendeiro, não me acostumo com isso aqui. Eu tenho um temperamento muito agreste.

### ADRIANA

Aí é que você se engana. Adoro roça! Sabe qual é o meu sonho, Artur? Depois de me formar professora, ir pro interior e abrir uma escolinha numa cidade bem pequena, bem na roça, se possível sem luz, sem telefone.

PEDRO, FELIPE *e* EDGAR *comentam, dentro d'água.*

### FELIPE

É uma maravilha, uma deusa...

### EDGAR

É isso! Parece com uma que tem no livro de mitologia.

### PEDRO

E ela fala!

### FELIPE

Fala com a gente!

### EDGAR

Que garota não fala, né? A não ser pra dizer que já tem namorado ou coisa assim.

### 7.
*Noite, num fundo de garagem.*
FELIPE *e* ANA MARIA *se agarram. Beijam-se com desejo.*

ANA MARIA

Quando você tá com vontade... fica me agarrando, aí você vem! Arranja um jeito e vem!

FELIPE

*Passando a mão nela.*

Ai, Aninha... para de falar!

ANA MARIA

Aninha... Você é cínico, hein, Felipe? Você fica falando tudo isso assim só pra eu deixar você...

*Cochicha no ouvido dele.*

FELIPE

Aninha, para de falar senão eu paro.

*Ana Maria desabotoa o vestido na frente.*

ANA MARIA

Ah! Duvido! Logo agora que eu desabotoei o último botão!

*Faróis. Levam um susto.*

ANA MARIA

Cuidado que tá entrando um carro.

FELIPE

Ninguém vê a gente aqui no fundo da garagem.

ANA MARIA

Que horas são?

FELIPE

Oito horas.

OS MELHORES ANOS DE NOSSAS VIDAS

ANA MARIA
A gente ficou muito tempo... Se meu pai estiver em casa...

FELIPE
Você quer que eu vá com você até lá?

ANA MARIA
Deus me livre, ele te mata!

*Ela sai correndo.*

## 8.
*Casa de* ANA MARIA.
ANA MARIA *corre para casa. O* PAI DE ANA MARIA
*aparece vindo do quarto e dá-lhe uma
bofetada bem na cara.*

PAI DE ANA MARIA
*Bêbado.*
Já não chega a outra? (*Entra* RAQUEL.) Mãe solteira, uma vergonha! O pai da criança não quis nem conhecer a família, achou que ela era uma vagabunda tão grande que nem pai e mãe tinha. Uma vergonha. Pobre criança! Já nasceu desgraçada!

*Entra a mãe da* ANA MARIA.

MÃE DE ANA MARIA
Não fala essa palavra, homem, que Deus castiga!

PAI DE ANA MARIA
E você ainda não aprendeu? Quando essa aí aparecer com o bucho cheio, quero só ver a tua cara. (*Pega o chapéu.*) Vou pra rua antes que eu fique com vontade de dar mais bofetada!

43

*O pai sai. Ficam as mulheres.* ANA MARIA
*sai correndo e chorando.*
*As duas correm atrás dela.*

MÃE DE ANA MARIA

Aninha!

## 9.

*Casa de* FELIPE, *sala do estudo.*
FELIPE *tenta explicar a lei da dinâmica.*

FELIPE

Um carro a 80 tem muitas forças agindo: o pneu, o vento, mas eles se anulam...

PEDRO

Mas Felipe, onde que a gente pode encontrar um corpo realmente em velocidade constante sem força nenhuma agindo?

FELIPE

No espaço. Um corpo no espaço andando longe da gravidade, ele está realmente andando em velocidade constante, pois lá não tem atrito. Imagina você no espaço, Pedro. Te dão um empurrão e você fica eternamente andando numa velocidade constante...

ARTUR

Mas aí isso já é sonho. O Felipe gosta de sonhar. Eu quero ver um corpo aqui na Terra. O negócio é aqui na Terra, Felipe.

*Entra* RAQUEL *do outro lado da cena, com telefone.*

RAQUEL

Alô, o Felipe está?

#### FELIPE

Sou eu.

#### RAQUEL

Boa-noite, Felipe, aqui é a Raquel, irmã de Ana.

#### FELIPE

Ah! Sei.

#### RAQUEL

Desculpe incomodar a essa hora, é que ela tentou suicídio.

#### FELIPE

O quê!?

#### RAQUEL

Mas não precisa ficar preocupado que parece que ela não vai morrer, não. Eu estou aqui no hospital, de qualquer modo, achei que você ia se interessar em saber.

#### FELIPE

Claro, eu... Que hospital? Você acha que eu devo ir até aí?

#### RAQUEL

Agora não, pelo amor de Deus! O papai está aqui, ele era capaz de te matar. Vem amanhã de manhã, às sete, te espero na portaria. Se alguma coisa acontecer no meio da noite, telefono.

### 10.

*Portaria de hospital, manhã do dia seguinte.*
FELIPE *chega apressado e encontra* RAQUEL

#### FELIPE

Mas os médicos dizem o quê? Tem perigo ainda?

RAQUEL

Você sabe como é médico. Não diz que sim, nem que não. Se ela não tiver nenhuma complicação nessas primeiras 24 horas, acabou o perigo.

FELIPE

Raquel, você acha que foi por minha causa?

RAQUEL

Aninha deixou esta carta pra minha filha. Tava escrito: "Para Marlyzinha, quando crescer."

FELIPE

Lê pra mim.

RAQUEL

*Lendo.*

"Querida Marly, desde que você nasceu, eu te amei com todo o meu coração. Se o mundo fosse só de criança, eu não estaria partindo agora. Eu faço isso porque estou muito triste. Porque no mundo em que eu tenho que viver, ninguém gosta de mim. E ninguém tem culpa, porque não se pode gostar de ninguém. Obrigado. Espero que você seja feliz, coisa que pra mim não foi possível. Agora você vai ter uma tia no céu. Tia Ana vai sempre proteger você. Adeus."

11.

*Na sala de estudos, casa de* FELIPE.
*Os rapazes arrumam* FELIPE *para sair.*

ARTUR

Não só não morreu como eu sabia que não ia morrer. Quinze Cibalenas! Dá no máximo um porre. Porre leve, hein?!

### PEDRO

Não se deve falar nesta palavra, "suicídio". Esquece essa palavra!

### ARTUR

Não fala nada que você quer acabar com ela.

### EDGAR

Não vai ao cinema, não fica em lugar em que vocês possam ficar sozinhos... Felipe, tem de ser carinhoso. Mas sem sexo! Não pode ter nada de sexo!

### ARTUR

É, Felipe. Edgar tem razão. Essa menina tá traumatizada.Vai prum lugar seguro.

### PEDRO

Você tem de resistir. Conversa, mas não fica de agarração!

### EDGAR

Não encontra com ela em lugar em que vocês possam ficar sozinhos, evita!

### ARTUR

Evita. Que essa Ana Maria, porra!...

## 12.

*Numa esquina.*
ANA MARIA *espera* FELIPE. *De vestido novo, bonita, mais mulher, com batom e brincos.* FELIPE *vai até ela. Ficam um bom tempo sem conseguir dizer nada.*

### FELIPE

Você tá bem, Aninha? Tá boa?

ANA MARIA

Tudo bem.

FELIPE

Que bom que você tá bem. Eu tô bem, mas fico melhor ainda de saber que você tá bem. Que bom.

ANA MARIA

Vamos ao cinema?

FELIPE

É... Não está passando nenhum filme bom! Eu ia te convidar pra ir na minha casa.

ANA MARIA

Na sua casa? Fazer o quê?

FELIPE

Não sei. Me deu vontade de apresentar pra você o meu quarto de estudos. A minha casa. Meus pais! Lá é bom.

13.
*Casa de* FELIPE.
*Ele chega com* Ana Maria.

ANA

Puxa, que sala grande!

FELIPE

Vem cá. Deixa eu te apresentar pra minha mãe... Mãe!

*Quem responde é a* COPEIRA, *que está no banho.*

COPEIRA
*Em* off.

Dona Margarida saiu. Foi almoçar fora com seu Emílio. Todo mundo só volta pro jantar! Tô no banho!

FELIPE
*Pálido.*
Puxa! Logo hoje que eu te trago pra apresentar pra minha mãe, ela não está... Juro como eu não sabia... Engraçado, minha mãe sempre avisa quando vai sair...

ANA MARIA
*Olho no chão.*
Bom. Assim a gente pode namorar um pouquinho... Você não me deu nem um beijo até agora.

FELIPE
Ana, quer dizer que você quase morre e continua a mesma coisa?

ANA MARIA
Tá com medo de mim?

FELIPE
É...

ANA MARIA
Parece que todo mundo ficou com medo de mim agora!

FELIPE
Que é isso...

ANA MARIA
Ou você não gosta mais de me beijar?

FELIPE
Não... é que eu acho que a gente não deve mais...

ANA MARIA

*Agarra* FELIPE, *passa a mão no pescoço, tenta.*
Puxa, eu tô doidinha pra te abraçar um pouquinho, Felipe.
Só um pouquinho, juro! Um beijo só!

FELIPE

Ana, não faz!

ANA MARIA *o agarra,* FELIPE *tenta resistir,*
*é difícil, o desejo é forte.*

ANA MARIA

Puxa, Felipe, o que que tem? Eu sei que a gente vai acabar,
Felipe. Eu sei. Eu mudei muito, Felipe. Eu nunca mais vou
fazer o que eu fiz. O que que tem a gente se beijar?

FELIPE

Ah! Ana, não faz assim, eu não aguento...

ANA MARIA

Faço, faço, me aperta, Felipe, vem... Hum, que gostoso, você
tá cheiroso, meu amor...

*Os dois se agarram. O desejo aperta.*

FELIPE

Mamãe pode chegar, Ana.

ANA MARIA

Chega, não. A empregada disse que só vem pro jantar. (*Desabotoa o vestido.*) Vem, Felipe.

*Beijam-se, o sexo tomando conta...*

## 14.

*No cursinho pré-vestibular, delírio mais do que nunca.*

PROFESSOR SIQUEIRA

E vocês ainda reclamam, não é? Vocês vão entrar na escola! Isto é, os menos tapados, que são dois ou três! E na escola, seus vagabundos, vocês vão querer estudar e não vão poder. É... não vão poder. Porque a escola... a escola é uma... Tem alguma menina na sala?

ALUNOS
*Em coro.*

Não!

PROFESSOR SIQUEIRA

Porque a escola é uma merda, uma merda! E não adianta lutar contra ela! Porque o programa é um absurdo! As instalações são um lixo! Os professores são umas bestas e os assistentes, uns covardes, só mudando a escola. Quem aqui dentro que vai querer mudar a escola de Engenharia?

JUQUINHA

Eu, professor!

PROFESSOR SIQUEIRA

Ah é, Juquinha? No início, os professores vão rir de você. Depois, quando você estiver realmente conseguindo fazer alguma coisa, eles vão te ameaçar, vão te perseguir. E você, Juquinha, você vai desistir.

JUQUINHA

Eu não vou desistir, e...

PROFESSOR SIQUEIRA

Está bem, Juquinha você vai continuar lutando.

JUQUINHA

Vou, professor!

*Algazarra. Bolinhas de papel cruzam o ar.*

JUQUINHA

*Emocionado.*

Até o fim!

PROFESSOR SIQUEIRA

Mas o que você não sabe, Juquinha, é que logo logo os teus próprios colegas vão ficar contra você. Vão te hostilizar, vão te virar a cara, vão te ridicularizar, Juquinha. Já aconteceu com muita gente, vai acontecer com você!!

JUQUINHA

Nunca!

PROFESSOR SIQUEIRA

Você vai cansar de tudo! Daquelas paradas sujas! Do pátio, dos laboratórios. Você vai ficar pensando no dia de sair dali com o diploma debaixo do braço! Você vai contar os minutos de cada aula! Você vai colar nas provas! Implorar meio ponto para passar de ano!

*A algazarra chega ao auge. Sobre ela, ouvimos a voz de* JUQUINHA, *desesperado.*

JUQUINHA

Antes a morte!

PROFESSOR SIQUEIRA

Silêncio!!!

*A turma se dispersa.*

## 15.

*No bar ao lado do cursinho pré-vestibular.*
*Apresentação de* MEDEIROS.

PEDRO
*Entra correndo.*

Gente, adivinha quem entrou pro curso? (A EDGAR.) Cuidado
pra não engasgar.

EDGAR

O Medeiros.

FELIPE
*Quase engasgando de surpresa, com o canudo da*
*Coca-Cola que está tomando.*

O Medeiros?

*Os rapazes estão reunidos na porta do cursinho.*
*É* ARTUR *quem está trazendo a notícia.*

ARTUR

Fui lá em cima apanhar umas apostilas, ele tava se inscreven-
do. E na nossa turma!

EDGAR

Puta merda, mas que azar, hein?

FELIPE

Eu sabia... Sonhei com ele ontem.

PEDRO

Sonhou?

FELIPE

*Para* ARTUR.

Como naquele dia em que ele te deu aquela gravata no bonde, lembra?

ARTUR

Lembro que depois eu fui tomar satisfação com ele.

FELIPE

É, e acabou apanhando também.

ARTUR

Apanhando, não! Apanhando, não, que eu acertei dois socos nele antes do motorneiro apartar! É que o Medeiros é forte, pô.

FELIPE

*Bebendo o último gole de Coca.*

Detesto aquele cara.

*Entra* MEDEIROS, *troncudo, agressivo, seguido pelo* JUQUINHA.

MEDEIROS

... E você me dá os seus cadernos, e eu copio os pontos, tá?

JUQUINHA

*Tímido.*

Tá. Mas será que você podia largar o meu braço? Não gosto que ninguém fique segurando o meu braço...

*Vê-se que* MEDEIROS *traz* JUQUINHA *pelo braço, em sutil coação para obter os pontos. Dá com* EDGAR *e* PEDRO, *que observam...*

**EDGAR**

*Contrafeito.*

Oi.

**MEDEIROS**

*Forte tapa nas costas.*

Oi, veadinho gordo, tu também tá neste curso? Pelo que vejo, todo mundo do colégio tá aqui. (*Forte tapa nas costas de* PEDRO.) O chato do Felipe também tá neste curso? Ele continua de caso com o Artur? *(Ri muito. Agressivo para o* JUQUINHA.*)* Como é? Não vai rir, não? O que eu falei foi engraçado, deu pra rir... (JUQUINHA *ri amarelo e dá um jeito de fugir na primeira oportunidade.*) (*Para* PEDRO *e* EDGAR.) Fora de zona. Eu implico com o Felipe, mas eu gosto dele. Boa bunda!

*Passa a mão na bunda deles.*

**16.**
*Portaria do colégio noturno.*
EDGAR. *Novo personagem:* NORMA.
*Movimento de alunos: um tipo de aluno diferente do cursinho. Na maioria, senhores mais idosos e senhoras. No recreio,* EDGAR *toma Coca-Cola e conversa com* NORMA, *menina bonita.*

**EDGAR**

Tá na minha, semana que vem é o Felipe... entende? Cada um vem uma semana, pega a matéria, entende? E você? Por que você faz o 3º científico de noite? Também tá fazendo vestibular?

NORMA

Bom, eu estudo de noite porque meu pai só me deixa casar se eu tiver o científico, que eu sou noiva.

EDGAR

Ah, você é noiva?

NORMA

Então eu disse pro meu pai que só estudava se o colégio fosse bem porcaria, eu odeio estudar... aí vim pra cá.

EDGAR

E cadê o noivo?

NORMA

Ah, ele estuda fora, ele é cadete, só nos vemos nos fins de semana...

EDGAR

Quer dizer que durante a semana você não sai, não faz nada, fica esperando o noivo chegar...

NORMA

Não! Imagina... eu saio, sim...

EDGAR

Então vamos marcar de tomar um sorvete qualquer dia...

NORMA

*Meio sem jeito.*

Bem, o único problema é que eu só posso sair de tarde, porque de noite às vezes o meu noivo me telefona e eu tenho que estar em casa.

*A sirene do recreio toca, todos entram,*
EDGAR *e* NORMA *se despedem.*

NORMA

Então tchau!

EDGAR

Tchau!

*Dão as costas. Passagem de tempo. Viram-se.*

EDGAR

Oi.

NORMA

Oi, você?

EDGAR

Estudou muito?

NORMA

Ih, nem ouvi o que o professor falou, aula de Latim, eu odeio.

EDGAR

É, eu também não consegui me concentrar. Fiquei muito perturbado com o nosso sorvete...

NORMA

*Ri. Gosta da corte e dá bola pra* EDGAR.

Ah, foi? E a namorada? Não vai zangar?

EDGAR

Eu não tenho namorada. (*Ambos riem.*) Sabe que você, Norma, é linda?!

NORMA

Não sei nada.

EDGAR

Quando é que a gente pode tomar o sorvete?

NORMA

Vamos marcar.

EDGAR

Posso te telefonar?

NORMA

Pode, você tem meu número? Tem caneta?

EDGAR

Pode dizer, que eu jamais esquecerei...

NORMA *dá uma gargalhada gostosa e vai embora.*

17.

*Sala de estudo.*

FELIPE *e* EDGAR *estudam.* EDGAR *chega.*

FELIPE

Mas ela gosta do noivo? Se ela te deu essa bola toda...

EDGAR

Não sei, Felipe, não sei... mas só sei que estou apaixonado, Felipe! (EDGAR *começa a fazer um número musical, canta, põe a mão no coração, se joga no sofá.*) Norma! Norma! A moça mais bonita do mundo. Norma, meu amor, eu te amo desesperadamente, e hei de desaparecer com esse cadete da tua vida, meu amor!

# Terceiro Capítulo
## Um quadrado amoroso

### 1.

ILANE, *personagem inesperado.*
*Entram* ARTUR *e* PEDRO. *Cansados de estudar,*
*numa sexta fim de tarde.*

ARTUR

Pedro, não aguento mais esse vestibular! Aula de manhã, o dia inteiro estudando!

PEDRO

Vamos sair, tomar uma cuba-libre.

*Entra um garçom trazendo uma cuba-libre. Sai.*

ARTUR

Três cubas-libres é a conta certa! Me deixam... pimmm... no ponto.

PEDRO

Vamos dar uma andada na praia antes de dormir?

### 2.

*Praia de Copacabana, noite.*
*Andam pela praia, olhando a vida, quando uma mulher*
*entra em cena sendo jogada de um lado para o outro e*
*espancada por três bêbados. É uma prostituta.*

ILANE

Desgraçados!... Filhos do cão!... Vocês não são homens!...
Encosta pra ver, encosta!... Eu não tenho medo, cachorros!!

*As lágrimas lhe saltam aos olhos, de ódio, ela é bonita
assim lutando. Há sempre uma prostituta
na vida de um adolescente.*

PEDRO

Sacanagem! Coitada dela.

ARTUR

Como é? Vamos?

PEDRO
*Hesitante.*

Será que a gente dá conta?

ARTUR

São três, somos dois. A gente tem que ganhar de cara, no berro.
(ARTUR *e* PEDRO *pulam para a areia e correm atrás dos caras,
gritando.*) Para já com isso! Vamos parar já! Sai da praia!

PEDRO

Deixem ela em paz!! Covardes!

ARTUR

Papai é delegado, seus bundas-sujas!

*Surpreendidos, os caras fogem aos gritos.*

CARAS

Os grã-fininhos tão querendo criar caso. Vambora, já resol-
vemos aqui. Palhaços!...Otários!...Veados!...

*Eles se vão.* ILANE *fica no chão. É meio louca, magra. Treme, talvez de medo. Ela dá um grito.*

### ILANE
Me larga!

ARTUR *vai acalmando-a com cuidado e muito jeito. Fala manso. Como faria na fazenda do pai, com um cavalo assustado.*

### ARTUR
Calma... calma... já passou... A gente está aqui pra te ajudar... Já passou... Sossega... Não precisa mais ter medo... Pode se acalmar... acabou o perigo...

ARTUR *sente que pode, e passa a mão suavemente pelo rosto dela, tira a areia. Olhos encontram olhos. Luzes se apagam lentamente.*

### 3.
*Sala de estudos. Os rapazes estudam,* ARTUR *está distraído, ficou com* ILANE *na cabeça.*

### FELIPE
Tangente é seno sobre cosseno, cotangente é cosseno sobre seno, secante é 1 sobre cosseno, cossecante é 1 sobre seno, fácil. Repete, Pedro.

### PEDRO
Tangente é seno sobre cosseno, cotangente é cosseno sobre seno, secante é 1 sobre....

*Dúvida.*

**FELIPE**

Cosseno.

**PEDRO**

Cossecante é 1 sobre seno, fácil.

**FELIPE**

Barbada. Repete, Edgar.

EDGAR *repete com eficiência e precisão, girando o lápis no ar. Verdadeiro número de circo.*

**FELIPE**

Ok, Artur, repete.

**ARTUR**

Como?

**FELIPE**

Repete.

**ARTUR**

Desculpe, mas repetir o quê?

*Os outros três se entreolham.*

**ARTUR**

Eu estou atento, estou prestando a maior atenção, a cabeça é que se distrai toda hora. Hoje pra mim não dá, vou embora. *(Vai saindo.)* Estou até atrapalhando vocês.

**FELIPE**

Deixa de bobagem, Artur. Cabeça a gente pega e bota no lugar! Você tem de saber isso, sem saber isso você não pode fazer nada!

#### ARTUR

Posso, sim, posso ir apanhar minha mesada no banco. Aí dou uma espairecida e volto a fera da Trigonometria, vocês vão ver.

*Sai.*

### 4.

*Na Avenida Nossa Senhora de Copacabana, em frente a uma vitrine, tarde. Entram* MATILDE *e* ADRIANA. *Passeiam, veem vitrine.* ARTUR, *que passava, ataca, galantérrimo.*

#### ARTUR

Oi! As duas juntas?

#### ADRIANA

Puxa, que susto! Você está bem?

#### ARTUR

Vindo do estudo, cansadíssimo. Ontem nós estudamos até uma da manhã, aí tem de acordar cedo no dia seguinte. É fogo. E vocês, tão fazendo o quê?

#### MATILDE
*A* ADRIANA.

Não vai contar, hein? Adriana, não...

#### ADRIANA
*Rindo.*

A Matilde...

#### MATILDE

Não!...

#### ADRIANA

A Matilde quer comprar um maiô de duas peças.

ARTUR

Matilde, não brinca, sério?

MATILDE

Pra usar escondido da mamãe, claro. Não vai contar pra ninguém. Eu vou mudar de maiô na casa da Adriana.

ARTUR

Não esqueça de avisar o posto...

MATILDE

Não aviso, não senhor! Se aparecer um conhecido eu me mato!
(*E muito agitada.*) Vou ali naquela loja, já volto... (*Sai.*)

ARTUR *fica sozinho com* ADRIANA *e não resiste,
por índole, a uma paquera.*

ARTUR

A turma pergunta muito por você.

ADRIANA

Como é que vai todo mundo?

ARTUR

Estudando barbaramente. Eu, de vez em quando, ainda dou
umas voltas, mas aqueles três ficaram com mania de quadro.
Sabe, Adriana, eu acho que tudo em exagero...

ADRIANA

O Felipe eu vi ontem.

ARTUR

*Surpreso.*

Você viu ele onde? Tinha um quadro-negro atrás dele? Porque esse então...

OS MELHORES ANOS DE NOSSAS VIDAS

ADRIANA

Ele passou lá na porta do colégio pra me ver.

ARTUR

O Felipe! (*Ponta de inveja.*) Como é que ele não contou nada pra gente? Ah, o Felipe... Que horas ele fez isso?

ADRIANA

Eu saio às onze e meia.

ARTUR

Foi por isso que ele matou a última aula. Disse que tinha dentista, o malandro, o boboca...

ADRIANA

Eu gosto dos rapazes discretos.

ARTUR

Mas o que que ele foi fazer lá?

5.

*Na porta do colégio. A cena como aconteceu, ontem, na porta do colégio de* ADRIANA.

FELIPE

*Em off.*

Adriana...

*Ela olha. É ele, livros debaixo do braço.*

FELIPE

Você se lembra de mim?

ADRIANA

Claro! Amigo da Matilde, na praia.

65

### FELIPE

Felipe. Meu nome é Felipe. Vim cá porque queria que você soubesse meu nome.

ADRIANA *o olha um instante, querendo entender.*

FELIPE *sai.*

*Volta a cena com* ARTUR, *diante da vitrine.*

## 6.

### Diante da vitrine.

### ARTUR

Foi, é? Bom, uma coisa eu posso te garantir. Se o Felipe teve coragem de fazer isso, e ainda por cima não contou pra gente, é porque...

### ADRIANA

Por que o quê?

### ARTUR

*Passando o susto e voltando ao seu tipo Burt Lancaster.*
Segredo de amigo a gente não conta, Adriana. Quer dizer que o Felipe vai te ver na porta do colégio, e eu não mereço nada?

### ADRIANA

Qualquer dia eu te telefono pra gente sair.

### ARTUR

Eu só vou sendo convidado...

### ADRIANA

Então eu vou te convidar!

### ARTUR

Quando?

ADRIANA

Hoje, quer?

ARTUR

Então eu vou pra casa esperar seu telefonema...

*Riem. Chega* MATILDE, *arfante.*

MATILDE

Não tive coragem de comprar o maiô. Gente, eu fico um horror!

ARTUR

Duvido muito!

*Meninas seguem.* ARTUR *volta ao estudo.*

7.
*Na sala de estudos.*
*Todos estudam.* ARTUR *entra.*

ARTUR

Oi, pessoal, vocês continuam aí? Cuidado pra não virar estátua.

FELIPE

... E seno de 2x é 2 seno de x, cosseno de x. Repete.

ARTUR

Seno de 2x é seno de x, cosseno de x...

FELIPE

Não é, não, Artur! Você não está entendendo nada, você vai acabar levando pau. Também não estuda!

**ARTUR**

Para com isso, Felipe, você tem de acreditar que vou passar! Você é a única pessoa que acredita! Por falar nisso, olha que chato: amanhã de noite não vou poder estudar. E depois de amanhã de tarde talvez tenha que sair às três. Minha tia Ema, de Botucatu. Ela está no Rio e mamãe me mandou um vidro de geleia de ameixa, vou ter que ir buscar. E meu tio Romualdo, marido dela, quer falar comigo, e é no Méier.

### 8.

*Na Avenida Atlântica. Noite, prostitutas por perto.*
ARTUR *procura. E encontra:* ILANE.

**ARTUR**

Tava te procurando. Como é que vai?

**ILANE**

Tô com uma fome!... Hoje eu não comi nada.

**ARTUR**

Vamos comer alguma coisa, quer comer uma pizza?

**ILANE**

Não sei. O que eu gosto mesmo é de comer angu lá na Praça XV!

**ARTUR**

Angu na Praça XV? O que é isso?

**ILANE**

Ah, deixa! Filhinho de papai não anda por esses lados!

**ARTUR**

Não! Podemos ir!

## ILANE

Porque a minha fome só passa com comida mesmo, esse negócio de pizza não vai. Bom mesmo é angu lá na praça.

## ARTUR

Então vamos!

## 9.

*Na Praça XV. Mendigos por perto. E a barraquinha do angu.*

## ILANE

Hum, tá ótimo! Tá gostando?

## ARTUR

Tô...

## ILANE

Tá nada. Você sempre teve vida boa, acho até que você tá é comendo angu pela primeira vez na vida, tá?

## ARTUR

Que é isso?! Eu fui criado em fazenda. Tenho um temperamento muito agreste. Eu sou da roça!

## ILANE

Mas a tua vida não dá nem a metade da minha. Tenho meus nervos muito agitados... Misturo as ideias, não regulo muito bem, não!

## ARTUR

Mas você é encantadora!

*O som de uma orquestra de gafieira perto começa a tocar.*

### ILANE

É muito difícil trabalhar por conta própria; esse é que é o problema dessa profissão. Mas eu gosto, meu destino é esse mesmo. Pelo menos na vida eu me divirto.

### ARTUR

Onde tá tocando essa música?

## 10.
*Gafieira.*
*Casais dançando, clima perigoso. Há outras Ilanes por ali.*
*ARTUR puxa ILANE, tentando entrar no clima.*

### ARTUR

Você é muito bonita, sabia?

### ILANE

Eu, hein, tá querendo o quê? Sai, azar! Pra cima de mim, não, tô aqui, trabalhando...

### ARTUR

Não posso achar você bonita? Gosta de dançar? Me deu vontade de dançar com você.

*ILANE dá uma rodada com ele. Depois larga. Vai até um canto e beija um homem mal-encarado que surgiu ali, ela o conhece bem. ARTUR para no meio do salão, sem entender. ILANE vai até ele.*

### ILANE

Amanhã, filhinho.

*E beija ele de verdade, com paixão.*
*ADRIANA surge do outro lado do palco. É outra cena.*
*ARTUR está dividido, tem que correr.*

## 11.

*Avenida Atlântica, entardecer, dia seguinte.*
*Ponto de encontro.* ADRIANA *espera.* ARTUR *vai lá.*

### ARTUR
Oi, Adriana, linda. Topa ir andando até o Posto Seis? Tá na hora do arrastão.

*Sentam-se e assistem ao arrastão.*

### ADRIANA
Não, eu não gosto de ver isso, não. Me dá aflição. Eu acho terrível. Morro de pena.

### ARTUR
Mas aposto que se aparecer na mesa um peixe bem assadinho, com um limãozinho, você não rejeita, não.

### ADRIANA
Ih, Artur, eu acho que é uma coisa completamente diferente. Matar e comer depois de morto.

### ARTUR
É, mas alguém tem que matar pra gente comer. E o pescador? Vai viver de quê? É a lei do mais forte...

### ADRIANA
Também não gosto dessa lei nem um pouco. Mas não me interessa julgar ninguém, sabe? Eu não caço, não pesco e acabou... Imagina você, preso numa rede e sendo arrastado pro fundo do mar. Deus me livre, eu me arrepio toda só de pensar.

### ARTUR
*Inicia ofensiva.*
Você é pequenininha, se você cair numa rede, de qualquer espécie... você escapa... ou não escapa?

ADRIANA *olha bem para ele.*

ARTUR

Que foi?

ADRIANA

Sabe o que é que eu estou achando?

ARTUR

Nem desconfio. Mas quero saber.

ADRIANA

Eu estou achando que a gente está gostando um do outro. E com medo de falar. É isso.

*Olhos nos olhos. Aproximação lenta. Beijam-se.*

## 12.

*Na sala de estudos.*
*Felipe joga xadrez ouvindo música. Artur chega,*
*disposto a viver um momento difícil...*

ARTUR

Felipe, querido! Eu estou querendo falar uma coisa com você.

FELIPE

Fala, ô.

ARTUR

Sabe o que que é, Felipe? (*Não sabe bem como dizer.*) É que, quer dizer, porque... Que inclusive eu sou teu amigo, né?, tô morando até na tua casa...

FELIPE

Você está gostando da Adriana. É isso que você está querendo me dizer?

#### ARTUR
É isso. E pelo que eu tenho podido ver, ela também está gostando de mim.

#### FELIPE
Por que você está dizendo isso? Ela te beijou?

#### ARTUR
Não! Quer dizer, beijou.

FELIPE *fica chocado. O coração sangra.*

#### FELIPE
Eu quero que vocês sejam felizes. Ela é uma grande garota... E você merece.

#### ARTUR
Ora, Felipe, deixa disso.

#### FELIPE
Mas eu não vou deixar de gostar dela, não.

ARTUR *não esperava por essa.*

#### FELIPE
E se ela resolver gostar de mim... eu quero que você se dane.

#### ARTUR
Felipe!

#### FELIPE
O melhor homem vai vencer.

#### ARTUR
Não, claro, tudo bem, tudo bem... Amigos, amigos, negócios à parte. (*Jogam xadrez.*) Teu cavalo tá correndo perigo.

FELIPE

Hoje de noite tem Química, hein? Vamos fazer a inorgânica toda. Começa às seis, depois da praia.

ARTUR

Ô, Felipe! Você sabe que hoje eu não vou poder!?

FELIPE

... Vai encontrar Adriana?

ARTUR

Não, que nada! É o meu tio Ambrósio, que está passando a semana no Rio, e que esteve com meu pai em São Paulo, e que tá querendo uns conselhos pra saber se o filho dele, meu primo Reginaldo, também deve vir estudar no Rio.

13.
*Avenida Atlântica, noite alta.*
*Prostitutas passam.* ARTUR *procura* ILANE, *sem achar.*

PROSTITUTA

Tá querendo, benzinho?

ARTUR
*Simpático e eficiente.*
Não, obrigado, da próxima vez e... Tô procurando uma colega tua chamada Ilane, manja?

PROSTITUTA

Deu azar. A polícia deu batida agorinha mesmo. Levou ela e mais vinte.

## 14.

*Na delegacia.*
*Entra um bando de prostitutas e policiais.*
*Gritaria insuportável, histeria.*

MULHER

Foi ele, seu comissário, se ele não tivesse me jogado embaixo da mesa, eu não tinha pegado a faca...

*Um homem gordo ferido no rosto faz parte*
*do barulhento cortejo.*

OUTRA MULHER

... Que esse homem desgraçou minha vida, precisa alguém acabar com a raça dele...

COMISSÁRIO

Vou ter que mandar amarrar a senhora. Não se pode conversar com ninguém nesse estado, vou ter de mandar dar injeção, é o jeito...

MULHER

É ele, seu comissário... (*Aponta o gordo.*) ... que tem que ser internado.

COMISSÁRIO
*Explode.*
Leva essa mulher daqui! Põe na cela, chama a ambulância! E você aí, menino, quer o quê?

ARTUR
*Entra, tímido.*
Boa-noite, seu comissário, é que eu estava andando na praia e vi o carro da polícia pegar umas mulheres e trazer pra cá,

deram uma batida. E uma das moças... mulheres, é minha conhecida, eu gostaria de poder fazer alguma coisa... (*Mostra documentos.*) ... Tá aqui a minha carteira, eu sou estudante, meu endereço, telefone... É que eu estou tentando ajudá-la, tirar dessa vida, ela é boa moça, e essa prisão pode estragar todo o meu trabalho, porque eu já estou arranjando um emprego pra ela...

COMISSÁRIO
*Debochado.*
Tirando dessa vida... Deixa de ser bobo! Ela quer?

ARTUR
Ela é boa moça, seu comissário. Eu me responsabilizo.

COMISSÁRIO
Olha lá, se responsabilizar por esse tipo de gente, tá procurando fogo pra se queimar! *Anota identidade, telefone, endereço de* ARTUR. (*Ao* GUARDA.) Leva ele lá dentro, é amigo de uma dessas que chegaram aí agora na batida...

*Aparece um grupo de mulheres.*

GUARDA
Quieta aí, turma da boa vida. Que esse rapaz aqui tá procurando algum...

*Grupo se abre, aparece* ILANE.

ILANE
Como é que tá aqui? Parece assombração.

GUARDA
Bom passeio, crianças.

*As prostitutas dispersam.*

## 15.

*Rua, noite.*

ARTUR *e* ILANE *esperam o sinal abrir. Ela avança.*

### ARTUR

Não atravessa agora não. *Ela corre, ele sai atrás. Freadas. Quase são atropelados. Grande susto.* Que é isso, tá maluca?

### ILANE

Quero morrer. Por que não morro logo? Ficar nessa desgraça de vida pra quê?

### ARTUR

Ah, então porque quer morrer me mata também?

### ILANE

*Se agarra nele, beija.*

Não, eu não quero que você morra. Eu quero fazer mingau pra você, lavar sua roupa, fazer sua comida. Você deixa eu fazer mingau pra você?

### ARTUR

*Abraça ela, carinhoso.*

Você tá com fome?

### ILANE

Eu quero fazer uma coisa boa qualquer pra você. Você é muito bonzinho comigo, vai me fazer mal se eu não agradecer. O que você quer que eu faça com você? (*Agarra ele.*) Qualquer coisa, é só dizer, qualquer coisa mesmo...

ARTUR

Não precisa, não, Ilane, o que eu fiz não foi pra ter nada em troca...

ILANE

*De repente, muito agressiva.*

Que que há? Não gosta de mim, não é? Acha que eu não sirvo pra você, que eu sou feia? Que eu sou suja?

ARTUR

Não é nada disso, não, parece maluca! Não vê que tem gente que gosta de você? (*Olham-se nos olhos.*) Você é linda.

ILANE

Me beija, me beija na boca, meu menino... (*Agarra* ARTUR, *beija-o na boca.*) Deixa eu fazer uma coisa com você, senão eu te bato... (*Beija-o de novo, com violência. Ela mesma sai do beijo.*) Quero uma cama, pra eu mostrar umas coisas que sei fazer. Eu sei um lugar que tem cama pra gente. Você tem algum dinheiro aí? Que a polícia tirou o que eu tinha...

ARTUR

*Vendo no bolso.*

Tenho algum...

ILANE

Faz mal, não. Nesse lugar deixam até eu ficar devendo.

## 16.

*Hotel barato.*
*Surge uma cama (ou foco de luz) no canto do palco.*

ILANE

Entra. Não precisa ficar na porta, não.

*Beija ele.*

ARTUR
*Apaixonado.*
Eu não queria. Eu tinha combinado comigo mesmo que não ia pra cama com você.

ILANE
E por quê, pode-se saber?

ARTUR
Eu queria ser diferente dos outros, pra você.

*Fazem amor. Grande momento da vida de* ARTUR,
*que jamais o esquecerá.*

## 17.

*Casa de* EDGAR. *Festinha.* SEU JACÓ *e* DONA ROSA, *pais de* EDGAR, *estão de pé, malas prontas para sair.* EDGAR, *também de pé, ouve as últimas recomendações.* SEU JACÓ, *carteira na mão, escolhe umas notas e entrega a* EDGAR.

DONA ROSA
Edgar, olha, presta atenção. Cuidado com a água...

SEU JACÓ
*Entregando.*
Toma, pro leite, pão e carne. Depois de amanhã a gente está aí.

DONA ROSA
Meu filho, presta atenção, não deixa torneira aberta pingando...

EDGAR
*Ao pai.*
Não dava pra deixar um pouco mais? Pruma emergência, sei lá...

DONA ROSA

... não esquece também gás aceso, e tranca a porta...

SEU JACÓ

*Dá mais uma.*

Toma, e agora chega, filho.

DONA ROSA

... e pendura a toalha molhada. Tá escutando, Edgar?

EDGAR

Tô, mãe. Toalha, gás, porta, pingo. Ok, mãe. Ok, ok. *(SEU JACÓ pega a mala. EDGAR tira a mala da mão do pai.)* Eu levo vocês até o táxi.

DONA ROSA *pega uma valise, e vão saindo.*

DONA ROSA

Ah! Ia me esquecendo! Luz! Não deixa luz acesa à toa, que a conta este mês foi uma loucura...

EDGAR

Tá, mãe... luz...

DONA ROSA

E evite barulho à noite. Você sabe como é este prédio. Se ouvir música, ouve baixo. Deixei o endereço e o telefone do hotel em cima da sua cama. Qualquer coisa, telefona. Eu telefono de qualquer maneira, para saber. Não esquece geladeira aberta também, você é mestre em esquecer geladeira aberta... e nada de festinhas!

*Voz de DONA ROSA vai se perdendo, ruído da porta fechando. Pelo outro lado entra a turma da festa. Grande animação. Música: Glenn Miller. Além dos rapazes, estão*

ADRIANA, MATILDE, JUQUINHA, TADEU *e outras pessoas. Um jogo de mímica é proposto!* MATILDE *é jogada no centro e faz mímicas. E começam as perguntas.*

EDGAR
Filme antigo? Quantas palavras?

TADEU
Não! Não vale!

ARTUR
É, não vale, não! Número de palavras não pode, não, tem de ser pelo sentido.

MATILDE *pensa. Manda apagar tudo. E começa a rir, a aplaudir, a dar saltos felizes.* PEDRO *não para de rir, de tão encantado.*

EDGAR
Teatro? Riso? Pulando? Teatro pulando?

MATILDE *insiste em aplaudir, bota o polegar pra cima.*

ARTUR
Avião, Varig?

PEDRO
Bom. É isso, é bom?

*Animadíssima,* MATILDE *representa para* PEDRO, *que compreende mais o que ela quer.*

PEDRO
Mais que bom? Ótimo? Melhor?

MATILDE, *aos pulos, diz que é isso mesmo, só que no plural.*

PEDRO

Melhores! É melhores! Os melhores!

EDGAR

O melhor espetáculo da Terra!

ARTUR

Não é *melhor*, é *maior*. É *os melhores*... Eu sei, eu sei, e não me lembro. Quem deu o nome desse filme, foi o Felipe?

MATILDE *faz que sim. E aponta o relógio.*

ARTUR

Relógio? Relojoeiro? Ponteiro? Hora, minuto...

EDGAR

Hora, minuto, mês, ano.

MATILDE *faz ele parar aí.*

EDGAR

Ano?

MATILDE *vira para* PEDRO *e, com um gesto, suave e generoso, aponta todos da sala, gesto emocionante, um instante de silêncio.*

PEDRO

*Com absoluta certeza.*
Os melhores anos de nossas vidas!

*Vitória. Todos pulam de alegria.* MATILDE *pula sobre* PEDRO, *quase o derruba de alegria. Imediatamente propõem outro jogo. A cena abre em grande animação, todos num suave pileque.*

ARTUR

Vamos jogar o jogo da verdade?

PEDRO

*A* MATILDE.

Cadê o Felipe?

MATILDE

Acho que foi lá pra dentro. Vamos sortear?

EDGAR

Ei, pessoal! Vamos jogar o jogo da verdade.

EDGAR

*Debochado.*

Como é? É na base do vale-tudo?

ARTUR

Em termos, em termos...

PEDRO

Não, é vale-tudo, sim! Ou se brinca, ou não se brinca.

MATILDE

*Já de porre.*

É, claro. Vale-tudo, tu-do!

*Cada um escreve o nome num papel e põe no jarro para o sorteio. Luz acende num canto do palco.* FELIPE *lê* Os grandes benfeitores da humanidade. *Não quer ficar perto de* ADRIANA *e* ARTUR. JUQUINHA *está falando com ele, o que torna a leitura bem difícil.*

JUQUINHA

... Tem palmito doce e palmito amargoso. Que assim olhando a gente não sabe qual é o doce e qual é o amargoso. O palmito dá numa palmeirinha, quer dizer, é o próprio palmito. Cada palmitinho é um palmito só. Pra tirar o palmito tem que tirar a palmeirinha. Lá dentro vão jogar o jogo da verdade, você não quer jogar, não?

FELIPE

Quero, não, Juquinha. Mas apanha lá uma cuba-libre pra mim?, que eu não quero ir lá.

JUQUINHA

Apanho, assim eu espio um pouco. Mas jogar não quero, não, que tenho medo de ser sorteado.

FELIPE

Tá, Juquinha.

JUQUINHA

E outra coisa que eu tava querendo dizer é que foi muito bacana vocês terem me chamado pra esta festinha. Gostei muito, obrigado.

FELIPE

Tá, Juquinha.

JUQUINHA

Eu sei tanto de palmito porque eu ia caçar com meu tio numa mata onde dava muito palmito. Quem gosta também de palmito é a queixada, que é o porco-do-mato, que a gente ia caçar. O dente da queixada... Bom, mas isso eu conto outra hora, né?

*No jogo da verdade, tudo está pronto para o sorteio.*

ADRIANA
*Sorteia o papel e lê.*

Artur!

OS MELHORES ANOS DE NOSSAS VIDAS

ARTUR

Eu? Puxa, Adriana... (*Irônico*.) Obrigado, hein?...

PEDRO

*De gozação.*

Pra berlinda, pra berlinda...

EDGAR

*Aderindo.*

Pra berlinda, pra berlinda.

ARTUR *senta na cadeira colocada no centro da sala.*

ADRIANA

Começa pela direita. Pedro, vai.

PEDRO

Ok. Deixa eu pensar... Muito bem: Artur, você está realmente gostando da Adriana, ou ela é apenas mais um nome na sua lista de conquistas?

*Suspense,* ARTUR *pensa, sorri.*

Não invente, não; a verdade! Amor ou conquista?

ARTUR

As duas coisas, ué. As duas coisas. Uma coisa não impede a outra.

PEDRO

É. Saiu bem. Vai, Matilde.

MATILDE

*De porre.*

Naquela noite em que vocês começaram a namorar, até onde vocês foram?

*Murmúrios maliciosos.* ADRIANA *encabulada.*

ARTUR

Até onde como?

MATILDE

Ora, Artur. Beijos, ou mais que beijos?

ARTUR

Beijos.

SARINHA

E vocês gostariam de ter ido mais longe?

ARTUR

Eu gostaria.

EDGAR
*Maquiavélico.*

Minha vez? Vamos lá. Artur, como é que você compararia o que sente pela Adriana com o que sente pela Ilane?

ARTUR
*Grilado.*

Pombas, assim, não. Assim... Poxa, Edgar, sujeira, pô. Adriana vai pensar que... Eu ia falar com ela da Ilane, que não houve nada...Tava esperando uma oportunidade...Pô, não gostei, Edgar...

ADRIANA, *decepcionada, bebe para disfarçar. Ficou grilada.*

EDGAR

Tá, desculpe, mas se é jogo da verdade...

#### ARTUR

Ok, então eu vou te perguntar como é que você se sente sabendo que a Matilde está apaixonada por você!

#### EDGAR

Artur! Eu te contei isso em segredo!

#### PEDRO

Para! Para! Para! Deixa a briga pra depois! Vamos combinar o seguinte: pergunta de namoro não vale. Ok? Ok? Ok? Segue o jogo. Quem pergunta?

#### SARINHA

É o Tadeu.

#### TADEU

Ok. Artur. O Medeiros está no curso. Você sabe que ele tem uma marcação especial contigo. Artur, você tem medo do Medeiros? Você respeita ele?

#### SARINHA

Ih, não fala nesse cara, que me dá vontade de vomitar.

#### ARTUR

Bom, medo de se machucar, todo mundo tem. O Medeiros... respeito... Bem, o Medeiros é cafajeste, é PTB, mas...

#### ADRIANA

*Ofendida.*

Que é que tem PTB? Se é PTB, deve ser um cara bacana. Meu pai é PTB! Que negócio é esse de PTB ser cafajeste? Vocês pensam assim, é? É, Artur? Eu sou PTB, sabia? E socialista, sabia?

ARTUR

Eu não falei que PTB era cafajeste, eu falei...

ADRIANA

Falou, sim. Eu conheço essa história. É o papo dos lacerdinhas, clubinho da lanterna, filhinhos de papai.

ARTUR

E precisa ofender? Você está assim porque ele falou da Ilane, eu ia te contar, não houve nada...

JUQUINHA *vai até* FELIPE.

MATILDE

Você não devia ter feito aquela pergunta, Edgar.

JUQUINHA
*A* FELIPE.

Estão brigando por causa da política.

FELIPE *vai à sala.*

EDGAR

Mas Matilde...

ADRIANA

Não sei quem é Ilane, nem me interessa Ilane!

MATILDE

Inclusive eu vim cá te dizer umas coisas, que eu nem vou te dizer.

ARTUR

E nem me interessa política!

#### ADRIANA

Pois é! A menos de um mês da eleição! Com os operários passando fome...

#### MATILDE

Eu vou telefonar pro meu pai vir me buscar. Você quer uma carona?

#### ADRIANA

Quero.

ARTUR *e* ADRIANA *vão para um canto.*

#### ARTUR

Mas Adriana... tudo isso por causa daquela discussãozinha? Ou tem mais coisa?

#### ADRIANA

Pra mim foi sério, Artur.

#### ARTUR

Me explica, Adriana.

#### ADRIANA

Acho, sabe, Artur, que você não assume as coisas. Você é muito alienado. Só pensa em cinema, garota, basquete e cuba-libre. A vida pra mim não é isso!

#### ARTUR

Mas quem é que disse que pra mim é só isso?

#### ADRIANA

Pra mim, Artur, a vida é uma coisa séria. Apesar de eu estar comendo, estudando, me vestindo, eu sei que a maior parte do mundo passa fome. E isso me interessa.

ARTUR

Mas também me interessa, ora, Adriana, senão...

ADRIANA

Presta atenção em você, Artur. Você está todo o tempo olhando pra todos os lugares: pro chão, pro céu, pra planta, pro pé. Menos pros meus olhos. (*Silêncio.*) Bem, tenho o direito de te dizer essas coisas. Desculpe. (*Beija-o rápido na boca, vai para* MATILDE.) Será que teu pai já chegou, Matilde?

MATILDE

Já deve estar esperando há horas.

*Mal-estar. A luz cai. As moças se despedem. A festa acabou. Os quatro rapazes. Entreolham-se.*

ARTUR

E aí, gente, tudo bem? Ainda tem cuba aí?

18.

*Na rua, noite alta.*
*Bêbados, eles cantam "Somos todos do jardim da infância".*
*Fazem oitos pela rua. Passa uma prostituta.*

EDGAR

Puxa, que lua! E a Norma nem foi na festa.

ARTUR

*Se aproxima da mulher.*
Escuta, você por acaso conhece uma menina meio morena, alta, chamada Ilane?

PROSTITUTA

A Ilane? Conheço. É uma meio perturbada, né? Não tenho visto ela, não. Você é freguês dela?

## OS MELHORES ANOS DE NOSSAS VIDAS

ARTUR

Não, amigo. Sou amigo. Também não tenho visto ela, não. Obrigado.

PROSTITUTA

Não quer fazer um amorzinho comigo?

ARTUR

*Após um instante, deprimido.*

Obrigado... Tô muito cansado. Bebi muito. Obrigado.

# Quarto Capítulo
## Conflitos

### 1.

*Casa de* MEDEIROS, *apresentação do* PAI DE MEDEIROS.
MEDEIROS *entra assoviando e tirando a camisa. Traz uma
sacola, de onde tira duas garrafas de cerveja.*

MEDEIROS
*Grita.*
Comandante!... Alô, Comandante! Trouxe duas louras pra
gente!

*O* PAI DE MEDEIROS *está deitado sob as cobertas, na pe-
numbra. Acende a luz de cabeceira.
Sua voz é cansada e débil.*

PAI DE MEDEIROS
Pode abrir as cortinas.

MEDEIROS
*Preocupado.*
Que foi, Comandante? Fazendo a sesta antes do almoço?

PAI DE MEDEIROS
Nada. Me deu uma taquicardia. Me assustei, aí a coisa piora... Vim deitar um pouco.

MEDEIROS

*Passa a mão na cabeça do pai, disfarça a preocupação.*
Não morra já, não, que eu trouxe duas cervejinhas pro almoço.

PAI DE MEDEIROS

Daqui a pouquinho eu levanto e vamos tomar duas cervejas.
Filho, eu ia à cidade hoje pagar o aluguel, mas estou com
medo. Você pode ir pra mim? Amanhã é o último dia.

MEDEIROS

Eu pago amanhã de manhã, que hoje eu tenho academia.
Agora sossega aí que eu vou esquentar o rango.

*O pai sorri, conformado, gosta muito do filho,*
*que gosta muito dele.*

2.
*Quadra de basquete, terreno baldio.*
EDGAR *treina com* PEDRO.

EDGAR

Você acha que a gente leva alguma chance?

PEDRO

Sei lá... Mas se o Tadeu puder vir, talvez a gente leve chance,
sim. Agora se for o Juquinha... aí...

EDGAR

Puxa, se a gente ganhasse essa, tinha só mais que vencer o
pessoal da Garibaldi e podia entrar nas eliminatórias do bairro. Era bacana, sim!

PEDRO *tira a camisa e se molha com água da bica.*

PEDRO

Olha quem vem lá!

EDGAR *olha.* MATILDE *está chegando.*

EDGAR

Só faltava essa agora. Que é que a Matilde veio fazer aqui?

PEDRO

Edgar... Edgar... (*Muda o tom.*) Como é que ela adivinhou que a gente estava treinando?

EDGAR

Coisas da bandeirante.

PEDRO *não gosta da maneira como ele se refere a* MATILDE.

PEDRO

Ah! Rapaz, eu acho que se você não gosta mesmo da Matilde, devia chegar logo pra ela e dizer isso de uma vez.

EDGAR

Não é questão de não gostar dela, Pedro, é que a Matilde, ela... Bom, deixa pra lá que ela está chegando.

PEDRO

É, mas eu acho que vocês dois têm que ter um papo final, sabe? (*Abaixa o tom.*) Já está dando no saco este clima. Desculpa, mas está mesmo.

*Enxuga-se com a camisa. Sorri para* MATILDE, *que chega.* EDGAR *lava o rosto na bica.* MATILDE *está alegre, segura de si.*

MATILDE

Oba, gente. Como é que vai o treino?

PEDRO

Oba, oba, caçulinha. Como é que vai a vida?

MATILDE

Ótima, como a sua...

EDGAR

A gente vai dar um descanso e treinar lance livre.

MATILDE

Lance livre? Bacana! Posso treinar também?

EDGAR

Sei lá... A gente tem pouco tempo até o almoço...

PEDRO

Claro que pode.

MATILDE
*Atingindo* EDGAR.

Obrigada, padrinho.

PEDRO

Vou comprar três Cocas pra gente, já volto aí.

EDGAR *não quer ficar sozinho com* MATILDE.
*Nem* PEDRO.

EDGAR

Bem, então fica você aí, me lembrei que eu tenho de comprar cigarro. Eu vou. Vocês querem mais alguma coisa?

**MATILDE**

Edgar está com medo de ficar sozinho comigo.

**PEDRO**

Bem, eu vou.

PEDRO *sai. Ficam* EDGAR *e* MATILDE.

**MATILDE**

Eu estou querendo mesmo falar com você.

**EDGAR**

Ok, Matilde. Ok. Fala. Mas vê bem o que é que você vai falar.

**MATILDE**

Bem, eu quero falar, Edgar, é que eu vou parar de ficar dando em cima de você. Pode ficar sossegado. Agora presta atenção. Eu tenho certeza como dois e dois são quatro de que a gente ainda vai casar, Edgar.

**EDGAR**

*Ia lançar a bola e para o gesto.*

O que é que você falou, Matilde?

**MATILDE**

Que a gente vai casar, Edgar. Eu e você. Bonitinho, na sinagoga. Com os papais e mamães, todo mundo lá. Eu e você vamos casar!

**EDGAR**

Você enlouqueceu de vez, Matilde?

**MATILDE**

... Eu vou simplesmente esperar. Como alguém que espera que um dia chova e já sabe que é questão de tempo. Porque um dia vai chover. Mais dia, menos dia, chove.

*Subitamente,* MATILDE *o agarra e o beija na boca.* EDGAR
*põe a bola no chão e encara* MATILDE.
*Toma fôlego e fala.*

EDGAR

Matilde, você deve estar brincando. Eu não gosto de você!
Quer dizer, gosto como amiga. E é só! Pronto!

MATILDE
*Imitando.*

"Eu não gosto de você!"... Edgar, você gosta de mim, não sabe
que gosta, e você vai casar comigo, Edgar. Eu tenho tanta
certeza disso como de me chamar Matilde, como do sol estar
batendo na minha cara... e daquele passarinho estar pousado
naquele galho. Agora treine direitinho porque você está jo-
gando mal. Vou indo.

*Ela pega a bola, atira e encesta com precisão.*

3.
*Academia de ginástica.*
*Halterofilistas erguem enormes pesos. Veias intumescidas.*
*Caras de sofrimento.* MEDEIROS *entra. Entregam-lhe*
*um peso. Ele faz supino.* CIRILO,
*o dono da academia, se aproxima.*

CIRILO

Como é, Medeiros, vai pagar hoje?

MEDEIROS

Amanhã, sem falta.

CIRILO

Olha, Medeiros, esse papo de amanhã eu pago já caducou. Nunca houve um atraso desses aqui. Ou paga hoje, ou não frequenta mais.

CIRILO *se afasta.*

MEDEIROS

Poxa! É assim, Cirilo?

CIRILO
*Sem se virar.*

É assim. (CIRILO *faz exercícios.*) MEDEIROS *se aproxima.* CIRILO *interrompe o exercício.* O que é?

MEDEIROS

Quanto é que eu devo?

CIRILO

Quatro meses.

MEDEIROS
*Entrega notas sacadas do envelope do aluguel.*

Tá aqui. Seis meses. Os quatro e mais dois pra frente.

CIRILO
*Desconfiado.*

Caiu do céu?

MEDEIROS

Não te interessa. Vai pegar ou não?

CIRILO *enfia o dinheiro no calção.* MEDEIROS *se afasta.*

## 4.

*Vestiário da academia.*
*Uma "arara" com roupas penduradas e, no chão, pares de*
*sapatos.* MEDEIROS *pega sua roupa no chão e vê uma*
*carteira de dinheiro num dos sapatos. Ele olha em volta,*
*pega a carteira, tira parte do dinheiro e enfia no bolso da*
*calça. Tem uma ideia. Olha em torno. Revista rapidamente*
*roupas penduradas, quando acha dinheiro, rouba parte.*
*Depois sai.*

## 5.

*Quadra de basquete. Vai começar o jogo.*
*Num pequeno círculo, braços passados nas costas uns*
*dos outros, os rapazes confabulam em segredo,*
*podem-se ouvir as instruções.*

ARTUR

Aconteça o que acontecer, a sequência é: jogada um, jogada
dois, jogada três e depois dois-três-um, e depois três-um-dois.
Aí, jogada quatro e começa tudo de novo. Entendido? E,
Felipe, calma, sim? Felipe, calma!

JUQUINHA

Qual é mesmo a jogada quatro?

ARTUR

A do triângulo, com atraso e cruzamento duplo.

EDGAR

Ué, essa não é a três?

PEDRO

Vamos mal.

**FELIPE**

A três não tem atraso.

**EDGAR**

Ah, é! Tá certo.

*Jogadores em posição. Tensão.* JUQUINHA *com olhos arregalados, o juiz com o apito na boca. De repente, um grito de* ARTUR.

**ARTUR**

Tadeu... tempo! Sai Juquinha, entra Tadeu.

JUQUINHA *sai de quadra.*

**6.**

*Vestiário da academia. O roubo é descoberto. A música alta. Enorme confusão. Um bando de halterofilistas de calças na mão examina as carteiras, gesticula, xinga.*

**HALTEROFILISTA 1**

Esse Medeiros tem que ter um castigo.

**HALTEROFILISTA 2**

Só pode ter sido ele. Foi o único que ficou aqui sozinho.

**HALTEROFILISTA 3**

Eu vou estourar esse camarada. Não quero nem saber.

**HALTEROFILISTA 4**

E eu te ajudo! Pra mim, chega!

**CIRILO**

Calma! Calma!

*Silêncio.*

A responsável é a academia. Eu resolvo isso! Deixa comigo!

## 7.

*Casa de* MEDEIROS. *O* PAI DE MEDEIROS *vem da cozinha com uma bandeja, café, açucareiro, biscoitinhos.* CIRILO *se ergue, educado.*

CIRILO

O senhor não precisava se incomodar.

PAI DE MEDEIROS

Não é incômodo nenhum, esteja à vontade. Esta casa é minha, de meu filho e dos nossos amigos. Não pus açúcar, ponha a seu gosto.

CIRILO *serve-se de açúcar, o* PAI DE MEDEIROS *pega sua xícara e senta-se.*

PAI DE MEDEIROS

Ele já devia ter chegado. Foi apenas pagar o aluguel.

CIRILO

Na certa algum imprevisto. (*Toma o café em grandes goles.*) Infelizmente não posso esperar mais. O senhor foi muito amável e me desculpe pelo que vou lhe falar agora. Por favor, diga ao Medeiros que ele passe na academia hoje, sem falta, com o dinheiro. E que eu mandei dizer a ele que, se ele não for, será muito pior.

PAI DE MEDEIROS

*Espantado.*

Como? (*Ponta de indignação.*) O senhor está fazendo uma ameaça a meu filho?... Vocês não são amigos?

OS MELHORES ANOS DE NOSSAS VIDAS

CIRILO

Justamente por sermos amigos é que eu estou aqui, esperando por ele esse tempo todo. O seu filho, esta manhã, roubou dinheiro de oito pessoas lá na academia. E os oito estão querendo acabar com a raça dele.

PAI DE MEDEIROS

*Levanta-se tenso, pálido, fala baixo, rouco.*

O senhor está acusando meu filho de ladrão? Dentro de minha casa, onde foi recebido como um amigo?

CIRILO

É melhor o senhor se acalmar e me ajudar a resolver este problema. Que ele roubou, não há a menor dúvida.

PAI DE MEDEIROS

Um momento só.

*Sai da sala.* CIRILO, *de pé, espera.*
O PAI DE MEDEIROS *volta, pistola 45 em punho.*
CIRILO *encara firme o homem desesperado.*

PAI DE MEDEIROS

*Arfando, com ódio.*

Eu sou um homem doente, no fim da vida. Vida esta a que estou ainda preso apenas pelo meu filho. Que pode ser tudo, mas ladrão, não é! O senhor tenha cuidado com o que diz. Eu tenho muito pouco a perder se lhe der um tiro na boca! Se há uma coisa que aprendi no Exército foi a dar valor à minha honra! Ponha-se daqui pra fora! Antes que eu faça uma loucura! Só lamento não ter força bastante para expulsá-lo a bofetadas.

8.

*Quadra de basquete. Pleno jogo.*
*Os rapazes estão perdendo. Chega* MEDEIROS. *Ataque*
*fulminante do adversário. Bola na cesta.*

ADENOR

Vinte oito a quatorze, visitantes!

ARTUR
*Reclama com colegas.*

Agora era a jogada três, poxa! Era a última em sequência! Dois-três-um! Acabamos de fazer a dois! Era a três agora! Assim não dá!

EDGAR

Artur, tô achando melhor esquecer esse negócio de um, dois, três, quatro e partir pra jogar basquete.

FELIPE

Olha quem está chegando aí.

*De roupa nova, rindo debochado,* medeiros *encosta*
*num poste de madeira. Tira o boné aos rapazes.*
*Jogo recomeça.* edgar *com a bola, passa a* PEDRO
FELIPE *avança.* PEDRO *passa a* TADEU, *que passa*
*a* FELIPE, *que está perto da cesta.*

ARTUR

Joga!

EDGAR

Encesta!

OS MELHORES ANOS DE NOSSAS VIDAS

Passa! Passa!

TADEU
*Chegando lá.*

Passa!!!

PEDRO

MEDEIROS
*Grita. Divertindo-se muito.*
Não atrapalha ele, bola. Tira essa bola daí que está perturbando meus amiguinhos!... Coragem, Edgar... Ele é gordo, mas é gracioso!...

*Dá longa gargalhada cafajeste, hiperdebochada.*
*EDGAR leva um tombo e se levanta, joelhos ralados.*
*PEDRO passa a EDGAR, que passa a ARTUR. ARTUR a TADEU, este a FELIPE. Numa manobra incrível, FELIPE sai batendo bola em zigue-zague, dribla todo mundo, inclusive companheiros. Segue estranha rota, como se não tivesse aonde chegar. Com expressão angustiada, parece impulsionado por estranha força, não sabe como parar com aquilo. Impressiona a súbita capacidade de driblar que acomete o pobre rapaz. Jogadores nos dois times se olham. Não bastasse, FELIPE deu para gemer ou ganir. Afinal, pega uma reta e vai de encontro à estaca da cesta, bate a cabeça na madeira. Cai para trás, agarrado firmemente com a bola. A cena é acompanhada por uma música que combine com a dança de FELIPE. Ele sai da quadra amparado pelo juiz e por ARTUR e delira.*

FELIPE
*Olhos arregalados, pondo sangue pelo nariz.*
Menos B, mais ou menos raiz quadrada de B dois, menos quatro AC, sobre dois A.

PEDRO *joga água na cara de* FELIPE. *Ele acorda.*
MEDEIROS *ri.*

MEDEIROS
É isso aí, gente. Tem que ter sangue na partida. Vocês já ganharam. É só botar mais PTB e tirar um pouco de UDN. (*Rola de rir.*) Vou me mijar!

ARTUR
*Perde a cabeça.*
Cala a boca, Medeiros, você tá atrapalhando. Grossura, cafajestagem, não vê que o rapaz se machucou.

MEDEIROS
*Aproxima-se, gritando.*
Como é que falou aí? Quem é que é grosso? E cafajeste, quem é?

ARTUR
*Extravasando.*
Você, Medeiros. Você! Grosso! E cafajeste!

MEDEIROS
*Sorrindo, calmo.*
Rapaz, eu vou te estourar.

ARTUR
*No auge do nervosismo.*
Olha, Medeiros, eu...

MEDEIROS
Fala, Globetrotter, coragem...

ARTUR
Não estou com medo, não. Estou nervoso, é diferente. Não estou acostumado a brigar... mas eu aprendi uma coisa, sabe?...

A gente tem que assumir. Olha nos meus olhos, Medeiros. Tu é homem, eu também sou. Então?

MEDEIROS *dá o casaco para* JUQUINHA *segurar.*

MEDEIROS
Não vai retirar? Última chance.

ARTUR
Eu não quero brigar, Medeiros... mas não retiro. Não retiro!

MEDEIROS
Então... somos inimigos?

*Sorrindo, estende a mão a* ARTUR, *que fica sem saber o que fazer; no rosto de* ARTUR *se esboça um sorriso, quem sabe, um fim de briga honroso e sem hematomas.* ARTUR *estende a mão.* MEDEIROS *retira rapidamente a sua e agride* ARTUR *com violento soco na cara.* ARTUR *cai e fica.* PEDRO *e* EDGAR *o socorrem.* MEDEIROS *pega o casaco das mãos de* JUQUINHA, *que está amedrontado.* MEDEIROS *veste o casaco, ajeita os punhos da camisa.*

MEDEIROS
Daqui a pouco ele acorda. Deixa descansar que é melhor. Depois leva na farmácia. (*Vai saindo, volta.*) Esse aí pelo menos é macho, se não arriasse na primeira, ia dar muito trabalho.

*Dá três passos para sair e vê quatro halterofilistas de braços cruzados esperando por ele. Leva um choque, mas se recompõe e vai ao encontro deles, sorrindo seu perigoso sorriso.*

MEDEIROS
Quem é vivo sempre aparece. Quais são as novas?

### HALTEROFILISTA 1

Vai pagar? O dinheiro que roubou?

### HALTEROFILISTA 3

O Espanhol disse que te arranja grana pra pagar a gente. É só teu pai assinar uma promissória. Hoje!

### HALTEROFILISTA 4

É a tua chance, Medeiros.

### MEDEIROS

Vocês digam ao Espanhol pra ver se a mãe dele assina essa promissória...

### HALTEROFILISTA 2

Você então pode ficar com o dinheiro, e mais com isso.

HALTEROFILISTA 2 *dá uma bofetada em* MEDEIROS. HALTEROFILISTA 1 *emenda um soco no estômago.* HALTEROFILISTA 3 *desfere um golpe vertical na nuca.* HALTEROFILISTA 4 *finaliza com um "telefone".* MEDEIROS *vai a nocaute. Eles se retiram. Luzes se apagam rapidamente.*

*FIM DO 1º ATO*

# 2º ATO

# Quinto Capítulo
## O baile de formatura

1.

*Sala de estudos.*
*Os rapazes se vestem a rigor, para o baile de formatura.*
EDGAR e ARTUR *se olham no espelho.*

ARTUR
Aminas, sulfaminas, bases, sais minerais.

EDGAR
*De* summer, *come sanduíche.*
Mas onde é que tem convite? A gente cava um. Não pode é
ficar o Pedro sem convite.

ARTUR
A Matilde não disse que tem um sobrando?

EDGAR
Só se o primo da amiga não for.

ARTUR
Na hora a gente bota o Pedro pra dentro. Aminas, sulfaminas,
ácidos, bases — e o quê, hein?

EDGAR
Sais minerais.

ARTUR

Tem sentido estudar até duas horas antes do baile?

2.

*Corredor. Cena rápida e intensa.*
FELIPE *sussurra ao telefone com* ANA MARIA.
DONA MARGARIDA *ronda.*

FELIPE

*Sussurra, ao fone.*
Você quer me matar, é isso que você quer?

ANA MARIA

*Do outro lado, sem drama, o pai de* ANA MARIA *ronda.*
Eu quero morrer.

FELIPE

Não vou contigo ao baile de jeito nenhum, você sabe que eu não posso.

ANA MARIA

Eu não estou insistindo. É que eu também tenho direito de ir ao baile!

FELIPE

Você é igualzinha à mamãe, só sabe me botar culpa. Pronto, ela tá lá no fundo do corredor, me olhando. Incrível!

*Vira de costas.*

ANA MARIA

Você não precisa se preocupar, eu não vou, não. Vou me trancar no quarto e ficar olhando pro vestido que eu mesma fiz, e fiz azul, porque é de azul que você gosta. E vou ficar olhando pra ele a noite inteira, pensando que eu não preciso de você pra ficar sozinha!

*As lágrimas saltam de seus olhos. Também do rosto duro de* FELIPE *saltam lágrimas.* EDGAR *e* ARTUR *seguem a conversa diante do espelho.*

ARTUR
*Desenha obscenidades no quadro-negro.*
Solteiro, livre e desimpedido, o mulherio que se cuide nesse baile: hoje só vai dar Artur!

*Dança e cantarola um mambo. Chega* PEDRO, *de smoking.*

PEDRO
Oi. Atrasei porque o bonde não chegava.

ARTUR
Fez muito sucesso? Bonde a rigor é fogo.

3.
*Sala de estudos.*
FELIPE *vem de dentro da casa. Sofrido, vai ao quadro e pega o giz.*

FELIPE
Bom, a reação catalisadora...

EDGAR
Tudo bem lá?

FELIPE
Ela não vai ao baile, não. A reação catalisadora...

PEDRO

Já tem meu convite?

FELIPE

Matilde vai levar. A reação catalisadora...

ARTUR

Felipe, conta até dez.

FELIPE
*Irritado.*

Pra quê?

EDGAR

Deixa que eu conto. Um, dois, três, quatro...

*O despertador marca nove horas e desperta.*

ARTUR
*Sorri.*

Acabou o estudo, Felipe. Nove horas, o baile é às onze, estamos atrasadíssimos. Você sabe que eu gosto de chegar às 10, que é pra ficar vendo quem é que chega cedo.

4.
*Baile de formatura. Início.*
*Entra* NARRADORA. *Ouve-se valsa emocionante. O espaço*
*cênico se abre. Os atores obedecem à narração.*

NARRADORA

Espectadores! Se toda esta história teve um clima de sonho, que seja agora um sonho dourado! Que esvoacem os vestidos, emocionem os violinos refletidos nos espelhos. O lustre magnífico, os rapazes lindos, as moças estonteantes, que o mundo seja azul e rosa, encantamentos, posto que estamos num inesquecível baile de formatura. Um dos vinte inesquecíveis em que íamos todo ano. Alguns detalhes a perceber! A orquestra. Tocando "Cubanacan", com maestro e tudo. Aquele músico mais velho que paquera as menininhas... Edgar inveja o baterista, Artur acha o pistonista o maior. No banheiro dos rapazes, muita penteação de cabelo. No banheiro das moças, muita excitação e segredos sendo revelados. O grupo de garotas que chega, numeroso, acompanhado por uma tia. O grupo de rapazes que chega olhando para todos os lados. Aquela que chega com o evidente noivo, pai e mãe. Aquela feia que vai logo sentando na mesa destinada a um inexorável chá de cadeira. As mesas, primeiro vazias, depois cheias e falantes. O bar, servindo enormes quantidades de rum com Coca-Cola. A varanda do baile, local e reduto e única possibilidade dos namorados. O casal que dança mal à beça, a moça levando pisões. O casal especialista, que dança dando um show. O cara muito alto com a menina muito baixa. O casal que dança de rosto colado, concentradíssimo. Várias pessoas saem do elevador e, entre elas, nossos amores: Adriana com Matilde. Sarinha também veio, animadíssima. Imediatamente, embora estejam em pontos diferentes do baile, nossos quatro heróis percebem isso com uma precisão parapsicológica. Todos se abraçam, se beijam nos rostos, dizem galanteios, comentam como estão lindos. Riem, mas no fundo estão sérios, o baile é um momento de grandes expectativas, o amor pode ser encontrado hoje! Matilde olha Edgar, sem perceber que Pedro está olhando para ela. Artur olha Adriana, sem perceber que Felipe está olhando para os dois. Adriana se olha no espelho e sorri para si mesma, encantadora.

## 5.

*Baile de formatura. Pleno.*
*A orquestra toca outra valsa ("Lover"), casais no salão,*
*rapazes olham, esperam chance. Entre eles,* TADEU,
*que olha para o lado e para baixo: é o* JUQUINHA *que*
*acaba de chegar e sorri para ele um tímido boa-noite.*
ADRIANA *dança com* ARTUR.

ARTUR
*A* ADRIANA.
Há certos momentos na vida, Adriana, em que um homem
tem que saber o que quer.

ADRIANA
E o que você quer, Artur?

ARTUR
Depende do que você quiser. Que cada um pode gostar de
cada um, e o amor é maior do que a amizade, e baile é baile,
né, Adriana? De modo que a gente precisa saber com quem a
gente está no baile, quer dizer, indo direto ao ponto, que eu
não gosto de rodeios: nós estamos ou não estamos namorando?

ADRIANA
*A* ARTUR.
Você está me namorando?

ARTUR
Eu tô. Quer dizer, tô. Tô.

ADRIANA
Eu não tô, não. Tá bem?

ARTUR
Tá bem. Então também não tô.

OS MELHORES ANOS DE NOSSAS VIDAS

*Num só movimento casais trocam o par.*
ADRIANA *dança com* FELIPE.

FELIPE
*Engasgando de emoção.*
Porque ninguém morre à toa, né? Pra mim não foi acidente, foi suicídio. Porque o James Dean era um deus. (*Cada vez roda mais.*) Você vê por exemplo a televisão. A primeira vez que eu vi aparecer aquele indiozinho na tela, eu disse pra mim mesmo: o mundo vai mudar. Você vai ver quando todo mundo tiver televisão. Vai poder ter aula pela televisão. Já pensou? Você viu *O céu é o limite* da semana passada?

ADRIANA
Eu vi. *O céu é o limite* todo mundo lá em casa vê, até papai...

FELIPE
E o discurso do Lacerda antes do golpe, você viu?

ADRIANA
Puxa, Felipe, que você fala! E muda de assunto... (*Ri.*) ... enfia um assunto no outro...

FELIPE
Eu tô fazendo isso, é? Eu fico nervoso quando converso com você! O tempo passa mais depressa quando eu tô com você, não sei se é porque eu gosto tanto de conversar com você... Que importa o assunto!

*Riem e dançam.*

EDGAR *encontra* PEDRO.

EDGAR
Pedro, o que eu faço? A Matilde continua querendo me namorar!

PEDRO

*Perdendo a paciência.*

Namora ela, rapaz! Você vive se queixando que ninguém quer te namorar, assim pelo menos tira o pé da lama.

*ARTUR dança com uma garota pequenininha,*
*cheia de volumes.*

ARTUR

*Canastrão, começando de novo.*

Você gosta de fazenda, mato, boi?

MOÇA

Tenho cara de quem gosta de boi, é? Eu, hein, Rosa!

6.

*Baile de formatura.* MEDEIROS *chega.*
*Anda pelo salão com a mão no*
*ombro de* JUQUINHA.

MEDEIROS

Porque eu hoje quero me divertir, entende, Juquinha? E quando eu me divirto gosto que meus amigos se divirtam também, de modo que hoje você também vai se divertir, entende, Juquinha? (*Tira uma caixinha do bolso.*) Sabe o que é isso? (*Esfrega no braço dele.*) Pó de mico. Depois tu vai no banheiro e lava. Isso é bom de jogar aqui dentro do paletó das pessoas, o cara tem que tirar a roupa toda e tomar banho se quiser parar de se coçar. (*Gargalha.* JUQUINHA *tenta rir.*) Hoje eu quero me divertir, Juquinha, que eu tô triste. Hoje eu tô triste, Juquinha.

## 7.

*Baile de formatura.* ANA MARIA *chega.*
FELIPE *continua dançando com* ADRIANA.

FELIPE
"De tudo, ao meu amor serei atento/Antes, e com tal zelo, e sempre, e tanto/Que mesmo em face do maior encanto/Dele se encante mais meu pensamento."

ADRIANA
Vinicius de Moraes...

FELIPE
Você conhece ele?

ADRIANA
Pessoalmente? Claro que não!

FELIPE
Eu conheço! Quer dizer, eu já vi. Outro dia eu fui na Fiorentina com o pessoal, e já era tarde, foi depois de uma festa... E nos sentamos numa mesa, Edgar pediu uma pizza. Aí quando eu olho pro lado, quem está lá? Lá, Adriana, assim a uns três metros, no máximo, de mim! O Vinicius de Moraes! Tinha mais umas cinco pessoas na mesa dele, uns homens, uma mulher muito bonita... E o Vinicius falava muito, acho até que estava meio bêbado...

ADRIANA
Felipe, que história sensacional! E você ouviu alguma coisa do que ele dizia?

FELIPE

Eu ouvi, ouvi, sim. Eu fiquei tão nervoso, você sabe que eu adoro Vinicius de Moraes, acho ele um grande poeta. E estava ali, ao meu lado, falando do... amor. Do amor, Adriana!

ADRIANA
*Rindo e girando.*
Ele não deve falar de outra coisa!

FELIPE

Mandei todo mundo calar a boca e fiquei ouvindo, sem olhar, claro. E não dava pra ouvir tudo, não, porque é muito barulhento lá... Mas, de repente, ele falou mais alto, assim, pra todo mundo ouvir, e eu ouvi também! E foi impressionante! Nunca mais na minha vida eu vou esquecer!

ADRIANA
*Emocionada por antecipação.*
Que foi? Fala logo.

FELIPE

Ele disse pra tal mulher bonita que estava do outro lado da mesa. "O difícil" — ele disse — "não é conquistar as mulheres. Isso é fácil. O difícil é amá-las!" Foi isso o que ele disse.

ANA MARIA *chega na portaria. Porteiro estranha*
*o que ela diz.*

ANA MARIA

Sabe o que que é? É que meu namorado veio na frente, e ele entrou com meu convite. Se o senhor deixasse eu entrar pra falar com ele...

EDGAR *vai passando.*

120

OS MELHORES ANOS DE NOSSAS VIDAS

EDGAR

Oi, Ana! Você tá aí, é? Felipe sabe que tá aí? Preciso avisar a ele que você tá aí.

ANA MARIA

*Aflita, tenta se controlar.*

Avisa que eu ainda não sei o que vou fazer. Pode ser que eu vá embora agora mesmo, pode ser. Assim ele nem precisa saber. Não quero estragar a festa de ninguém.

EDGAR

*Compreende.*

Vamos conversar, Ana. Nunca te vi sem o Felipe, quem sabe a gente não pode ser amigo, hein? Vamos tomar um guaraná Cascata.

EDGAR *e* ANA MARIA *no balcão.*

ANA MARIA

Não aguento mais tanta humilhação. (*Estremece.*) Por quê? Por quê? Eu sempre fiz tudo que ele quis. Eu só continuo virgem porque ele faz questão, morre de medo de me botar um filho...

EDGAR

Pensei que você não fosse mais.

ANA MARIA

Eu sou. A gente já fez de tudo. De tudo. Mas isso não.

*Olha para* EDGAR, *com mágoa, olhos cheios de lágrimas.*

9.

*Baile de formatura.* MEDEIROS *aperta o cerco.*
JUQUINHA *a seu lado.*

MEDEIROS

*Ao* ATENDENTE *idoso.*

Anda logo, ô tartaruga! Não vai trazer a Coca-Cola que eu pedi, não? (*Aponta* JUQUINHA.) É aqui pro meu sobrinho. Ele é menor, não pode tomar bebida alcoólica.

ATENDENTE

*Ofendido.*

Cadê a ficha? Precisa comprar no caixa...

MEDEIROS *arranca a Coca-Cola da mão dele com violência. Idoso se assusta.*

MEDEIROS

Deixa aqui esta mesmo! Bota aí na minha conta. No final da noite a gente acerta. Ou está duvidando de mim?

ATENDENTE *sai resmungando.*

JUQUINHA

Medeiros, assim você vai acabar arranjando uma briga.

MEDEIROS

*Suspira.*

Será que eu vou conseguir, hein, primo Juca? Você não gosta de brigar, não? Eu adoro, acho divertido. Que brigar é simples. Não precisa ficar pensando no que vai fazer da vida. Ou dá ou apanha. É ou não é?

10.

*Baile de formatura.* ANA MARIA *conversa com* EDGAR *e vê o que não quer.*

ANA MARIA

*A* EDGAR, *seriíssima.*

Ele... ama ela, não ama?

EDGAR

Ama, sim.

ANA MARIA

Onde é que eles estão? Eu queria ver os dois. Mas não quero que ele me veja.

EDGAR

Você vai aguentar, Ana?

ANA MARIA

Eu não tenho mais nada a perder.

EDGAR
*Após pausa.*

Então, vem.

*Andam pelo baile. Procuram* FELIPE. EDGAR *a protege para não ser vista. A música é tocante. Veem* FELIPE. *Param. Escondem-se.* EDGAR *segura a mão de* ANA MARIA. FELIPE *conversa com* ADRIANA. *Clima romântico.*

FELIPE

Que o mundo vai de mal a pior, isso não há dúvida. Que a gente não vai conseguir nem viver mais 20 ou 30 anos, porque os americanos e os comunistas vão estourar tudo com suas bombas atômicas, isso também não tem dúvida. Mas o que importa saber é se, apesar de tudo, a vida tem sentido, ordem! (*Sem se dar conta,* FELIPE *põe a mão sobre a de* ADRIANA. *Ele nota, quase num susto.*) Segurei a sua mão. Posso?

ADRIANA
*Segura a mão dele.*

Pode.

FELIPE

Engraçado, eu não senti! Não fui eu que segurei sua mão, foi a minha mão que segurou a sua! Como se isso fosse... inevitável! Será que existe, Adriana, o inevitável!? Eu queria te dizer uma coisa, Adriana, mas não tenho coragem.

ADRIANA

Diz. Eu já sei o que é. Diz.

FELIPE

Não tenho coragem. Eu estou tremendo da cabeça aos pés.

ANA MARIA *ergue os olhos lentamente e fica olhando* FELIPE
*e* ADRIANA.

ADRIANA
*De mãos dadas.*

Diz. Faz de conta que eu sou uma rainha de conto de fadas: Eu ordeno que você diga.

FELIPE

Eu te amo, Adriana.

*Violinos de "My foolish heart" crescem, e os dois se beijam.*
*O primeiro beijo, o beijo eterno.* EDGAR *e* ANA MARIA *veem.*
ANA MARIA *desvia o olhar.* EDGAR *não sabe como ajudar.*
*Lágrimas correm mudas sobre o rosto de* ANA MARIA
*quando ela olha* EDGAR.

ANA MARIA

Agora está tudo bem.

#### EDGAR

Bem como? Você está doida? Para de chorar. Não aguento ver ninguém chorando...

*Lacrimeja também.*

#### ANA MARIA

Calma, Edgar. Não é porque ele não gosta de mim que eu estou chorando.

#### EDGAR

Então por quê?

#### ANA MARIA
*Contendo as lágrimas.*

Porque eu não queria deixar de gostar dele. É por isso. *(Saindo.)* Tchau, Edgar, obrigada por tudo.

#### EDGAR
*Indo atrás.*

Ana! Quer que eu te leve em casa?

EDGAR *vai atrás dela, insiste em levá-la em casa, talvez insista para que ela fique. Mas* ANA MARIA *está indo. E não chora mais. Não está indo embora do baile, está indo embora de* FELIPE *e, talvez, das ilusões de sua adolescência. Ouve-se um dos sambas-canções dessa época, que melhor cantou a dor do amor.*

### 11.
*Baile de formatura. Desolado,* EDGAR *se aproxima de* ARTUR.

#### EDGAR

Ah, Artur, bem faz você que não se apaixona. Pelo menos não arranja encrenca. Eu não quero esse tipo de confusão comigo.

*Subitamente, assusta-se. Esconde-se atrás de* ARTUR.

ARTUR

O que houve? Que é? Você ficou branco! Fala, homem!

EDGAR

Disfarça!

ARTUR

Disfarça o quê?

EDGAR

Ela veio!

ARTUR

Ela quem?

EDGAR

Fala baixo, imbecil! Olha quem tá ali, na porta ao lado da samambaia.

ARTUR

*Olha por cima dos óculos Ray-Ban.*

Ao lado do cadete?

EDGAR

Ela não é linda, a Norma? Você não acha, não?

ARTUR

Já sei, tive uma ideia! Bota ciúme nela! Nem liga, nem cumprimenta... Passa bem em frente, dançando com outra... Se quiser pode até cumprimentar. Diz assim: (Superior). Oi, Norma...

EDGAR

Boa ideia. Mas que outra?

MATILDE *senta-se à mesa com* SARINHA.

MATILDE

Ai, tô exausta! Já dancei oito vezes, Sarinha, meu pé tá que é uma bolha só! Adoro dançar.

SARINHA

Se você dançou oito vezes, e cada vez a orquestra toca seis músicas, quer dizer que você já dançou 48 músicas.

EDGAR

Oi, Matilde, desanimada? Um samba desses e você aí parada?

*Samba.* EDGAR *e* MATILDE *dançam puladinho. Veem* NORMA *e o* CADETE *de mãos dadas, trocam olhares, riem e dançam diante do casal. Música "Tea for two" à la Cugat.*

MATILDE

Você tá dançando tão bem hoje, Edgar, uma maravilha.

EDGAR
*Nítido e claro.*

Oi, Norma.

*Dá um passo espetacular.* NORMA *sorri para ele.*
O CADETE *pergunta quem é.* NORMA *explica,*
EDGAR *percebe. De longe,* ARTUR *aprova.*
MATILDE *não entende bem.*

MATILDE

Norma! Não sabia que ela estava aí, não!

EDGAR
*Superior.*

Eu também, não. Vi agora.

### MATILDE
Vamos dançar pra lá, né, Edgar? O salão é tão grande...

EDGAR *cruza o salão. Uma mão passa pela bunda de*
PEDRO, *que olha para trás e não vê ninguém.*
MEDEIROS *surge com* JUQUINHA *ao lado de* PEDRO.

### MEDEIROS
Aquela é que é a Norma, é a que o Edgar gosta. E o que que
o Cadete está fazendo com ela?

### PEDRO
É noivo dela, Medeiros. E, por favor, não se meta.

### MEDEIROS
*Alto.*

Ei, Edgar!

EDGAR *olha. Divertindo-se,* MEDEIROS *faz chifres com os*
*dedos.* EDGAR *finge que não viu.*

### 12.
*Baile de formatura. Banheiro das mulheres.*
*Garota conserta vestido que descosturou; outra conta suas*
*recentes e escandalosas conquistas; outra se pinta com*
*rigor; outra pede Modess emprestado, outra procura cílio*
*que caiu no chão.* MATILDE *e* ADRIANA *se penteiam.*

### MATILDE
*Chateada.*

Aí ela estava lá, com o noivo do lado, e o Edgar fingindo que
não via, uma coisa muito esquisita! E o Edgar nunca me tira
pra dançar. Será que ele estava querendo fazer farol pra ela?
Se for isso, eu vou dar nele!

## 13.

*Baile de formatura. Num canto do salão,* EDGAR *é assediado por* MEDEIROS, *cercado de* JUQUINHA *e* PEDRO.

EDGAR

Mas você acha mesmo, Medeiros?

MEDEIROS

Claro, vai lá e tira ela! Não te dá bola? E agora só porque está com o milico nem te olha? Eu se fosse você deixava.

EDGAR

É. Tá certo. Embora seja você que está dizendo, tá certo, desculpe, Medeiros. Não acha, Pedro? Tá certo.

JUQUINHA

O cadete é capaz de não querer deixar ela dançar.

MEDEIROS

*Endireita e limpa o smoking dele.*

Vai lá, rapaz, afinal tu é ou não é homem? Pronto, tá lindo.

EDGAR *vai.*

EDGAR

A NORMA, *sorriso amarelo.*

Vamos dançar?

NORMA

Não posso, obrigada, estou acompanhada. (*Apresenta.*) Esse aqui é um colega de colégio, Edgar. Esse é o Euclides, meu noivo.

EDGAR

*Para ela.*

Queria dançar uma vez só. Tô precisando te dizer uma coisa.

NORMA

Não posso...

CADETE

*A* NORMA.

Querida, você quer que eu tome alguma providência?

EDGAR

Com ou sem providência... (*Apenas a* NORMA.) Acho que eu mereço que você fale comigo um instantinho. Se não quiser dançar pode ser aqui na varanda mesmo. (*Ao* CADETE.) Desculpe, seu cadete, não quero lhe faltar com o respeito.

*Leva uma mão na cara, tromba com outras pessoas, só para a 5 metros.* PEDRO *ergue* EDGAR, *que está com o olho machucado. O* CADETE *arregaça as mangas, o amigo dele também se prepara.* ARTUR *cruza o salão entre os dançarinos, põe-se junto a* EDGAR *e tira os óculos. Surgem mais dois cadetes, formando contingente de quatro.* JUQUINHA *engole seco, sente a desvantagem numérica, surge mais um cadete, este especialmente forte. De longe,* MATILDE *nota a ameaça da briga e dá um grito lancinante.* NORMA *agarra o noivo, que espera* EDGAR *se aproximar para reafirmar a superioridade da escola militar. Ao fundo, a música é um baião. Está armado o confronto: de um lado* EDGAR *e* ARTUR. *Do outro, cinco cadetes.* ARTUR *guarda os óculos no bolso, um cadete cospe na mão, a briga vai começar. Surge* MEDEIROS.

MEDEIROS

Oi, turma! (*Cumprimenta ambas.*) Vou entrar na do lado de cá, que é pra ficar mais duro o jogo...

*Faz sinal a* JUQUINHA, *ri para* PEDRO. *Bate forte no ombro de* EDGAR. JUQUINHA *se põe de quatro atrás dos cadetes.* MEDEIROS *o empurra: cama de gato. Antes que alguém se mexa, dá pontapés e socos em cada cadete, divertindo-se com a própria agressividade: não ataca para limpar a honra, ataca para machucar. Surgem três leões de chácara para apartar. Arma-se a confusão. Rolam cadeiras, viram mesas, vem a turma do deixa-disso, à qual* MEDEIROS *adere.*

MEDEIROS

É isso mesmo, turma! Para com isso! Pra que aumentar a rivalidade entre civis e militares, assim o Brasil não vai pra frente!

*Todo cadete levou porrada.*

14.

*Baile de formatura. Depois da tormenta, revelações.* MATILDE *compreende que* EDGAR *não a ama. Sua voz soa por trás dele, que está de olho roxo.*

MATILDE

Tá doendo muito?

EDGAR

*Desconsolado.*

Ela nem falou comigo, Matilde. Eu lá no chão, machucado, e ela não teve nem pena. É duro a gente gostar de quem não gosta da gente.

MATILDE

Não tem nada que eu possa fazer por você?

EDGAR

*Sorri triste para ela.*

Tem, não, Matilde.

MATILDE

Então, tá.

*Afasta-se depressa para não chorar. Mas não resiste. Num canto, chora. Música emociona ("Love me or leave me"). A voz de* PEDRO *soa atrás dela.*

PEDRO

Alguma coisa que eu possa fazer por você, Matilde?

MATILDE

*Seca lágrimas, com raiva de si mesma.*

É que eu gosto do Edgar, Pedro, e ele não entende isso. Não entende que eu gosto mais dele do que qualquer outra vai gostar...

PEDRO

*Não aguenta mais esse papo, explode.*

Para, MATILDE!

MATILDE

*Assustada.*

Pedrinho! Mas se eu não for contar pra você, que é meu amigo, pra quem...

PEDRO

Não sou seu amigo! Eu gosto de você! Há dois anos que eu sou apai-xo-na-do por você, e você não vê isso! Chega!

## OS MELHORES ANOS DE NOSSAS VIDAS

MATILDE

*Surpresa.*

Mas Pedrinho, você não falou nada...

PEDRO

*Emocionado.*

... E precisa falar, Matilde, precisa?

*Num rompante de audácia, abraça* MATILDE *e a beija espetacularmente! Solta-a de repente. E sai apressado.* MATILDE *está sem fôlego. Não entende o que está acontecendo com ela. Procura alguém, cruza o salão, e encontra* ADRIANA *dançando com* FELIPE *de rosto colado.*

MATILDE

*Sem voz.*

Adriana, você podia... vir aqui um instante? Dá licença, Felipe...

ADRIANA

*Segue-a.*

Você está sentindo alguma coisa? Você está pálida...

MATILDE

Tô sentindo, sim.

*Vão a um canto. De longe,* FELIPE *olha aflito.*

ADRIANA

*Terna e tensa.*

Fala, Matilde, tá sentindo o quê? Aconteceu alguma coisa?

MATILDE

Aconteceu. O Pedro me beijou. E eu fiquei toda quente. Meu coração está batendo, é. Eu estou com vontade de chorar. Eu gostei tanto do beijo dele, Adriana!

ADRIANA
*Sem entender.*

E o que que tem isso?

MATILDE
*Fala rápido, aflita.*
Eu gostei do beijo dele muito mais que do beijo que eu dei no Edgar! Muito mais! E isso não pode, Adriana, não pode, porque é o Edgar que eu amo! Eu não entendo, não dá pra entender!

*Subitamente, sai correndo.*

ADRIANA
Matilde, aonde é que você vai?!

*Vai atrás.* FELIPE *também.*

MATILDE
Eu preciso descobrir uma coisa!

15.
*Baile de formatura. Na mesa,* EDGAR *de olho roxo.*
*A voz de* MATILDE *soa atrás de* EDGAR.

MATILDE

Edgar.

*Ele se vira. Ela se aproxima devagar... Agarra-o e o beija.*
*Solta-o bruscamente.*

EDGAR

Matilde!

*Ela o olha séria por instantes e ri, contente. Ri para*
ADRIANA *e ri para* FELIPE... *e sai correndo de novo.*

FELIPE
*Indo atrás.*

Matilde!

ADRIANA
*Segura-o, com o sorriso de quem entendeu tudo.*
Deixa ela, Felipe, deixa ela...

MATILDE *corre pelo salão, voa de emoção.* PEDRO, *amargurado, fuma na amurada. Ele sente a presença dela, volta-se.*
MATILDE *cai nos seus braços, beija-o, como nos encontros
dos filmes da Metro.* PEDRO *fica perplexo.*

MATILDE
*Beija-o mais e mais.*
Meu amor, meu amor...

*Dançando, casais os cercam. Quando os casais se afastam,
é o fim do baile.*

# Sexto Capítulo
## O vestibular

### 1.

*Cursinho pré-vestibular. Sala apinhada. Muito calor.*
PROFESSOR SIQUEIRA *no centro da cena. Forte tique-taque*
*de relógio. Clima tenso.*

#### PROFESSOR SIQUEIRA

Faltam sete dias! Daqui a sete dias, uma semaninha igualzinha a essa que vocês jogaram fora durante esses anos todos. A primeira prova é a de Álgebra. Embora estejam dizendo que a Geometria é que vai ser dura, a prova de Álgebra vai dar um pontapé na bunda de pelo menos metade de vocês. Olhem bem pra cara uns dos outros. Olhem, eu estou mandando! De cada dois de vocês, daqui a uma semana, um está no pau!

*Apavorados, os rapazes se entreolham, depois dispersam.*

### 2.

*Sala de estudos/sala da prova de Álgebra. Rapazes estudam.*
*Tique-taque do relógio. Papéis espalhados, livros, ambiente*
*enfumaçado. Johnnie Ray na vitrola canta "Cry".*

#### PEDRO
*Fala para si.*

Não me conformo em ter errado o problema do teste: confundir permutação com combinação, só eu mesmo!

*Esmurra a cabeça.*

ARTUR
*Tenta decorar fórmulas escritas na mão.*
Fica assim, não, Pedrinho. Se você levar pau, eu vou junto.

FELIPE
*Escreve no quadro.*
Limite de seno de x sobre x, quando x tende ao infinito. Mas como tende ao infinito? Não é a zero?

EDGAR
*Desenha o infinito continuamente no quadro-negro.*
Felipe, está saindo fumacinha verde do teu ouvido.

PEDRO
*Quase sufocado em livros.*
Não aguento mais estudar... Não falo com ninguém, não vou ao cinema, não vou à praia, não vou à esquina há dez dias!

EDGAR
*Calmo, fuma.*
Calma, rapaz, eu não vou ao banheiro há dez dias.

DONA MARGARIDA
*Impaciente, fala sozinha.*
Não é possível esse menino ficar estudando até essa hora. Eu não devia ter pedido tanto a Santa Edwiges para me dar um filho estudioso, assim é demais! Felipe, hora de dormir, senão eu não deixo você ir à prova amanhã!

*Rufar de tambores. Arma-se a sala da prova. Alunos sentam-se em carteiras alternadas.* HOMEM *escreve no quadro:* "Início: 8h. Final: 11h30." INSPETOR *distribui provas. Luz cai, tique-taque sobe. Passagem de tempo. Os quatro entregam a prova e saem da sala.*

OS MELHORES ANOS DE NOSSAS VIDAS

PEDRO

E aí?

EDGAR

E você?

PEDRO

É, foi.

FELIPE

Setenta eu cavo, não tem por onde.

PEDRO

Vamos sair daqui?

FELIPE

Amanhã o estudo começa às oito, quinze para as oito todo mundo lá, que agora é Geometria. A Geometria esse ano vai ser a mais difícil, e não pode nem pensar em esperar o resultado pra...

3.
*Sala de estudo. Prova de Geometria.*

FELIPE

... começar a estudar.

EDGAR
*Tira a camisa.*

Tá um calor hoje, hein? Por que eles fazem o vestibular no verão?

*Todos estudam de calção.*

FELIPE

A que altura uma escada de 5 metros toca num muro, se o pé da escada está a dois metros do muro?

139

###### ARTUR

Essa é barbada.

###### FELIPE

A área de uma zona é igual ao produto da circunferência...

###### ARTUR

Acho que vou ser o último a entregar. Vou pensar muito.

###### PEDRO

Sai da frente do ventilador, ô, Edgar!

*Traçam formas geométricas com compasso, esquadro
e régua.*

###### EDGAR

Eu me sinto geométrico.

###### PEDRO

Precisa botar o despertador se a gente vai dormir aqui. Dizem que quinze para as sete eles já estão afixando os resultados da prova de Álgebra.

###### ARTUR

Pra que a pressa de ver?

###### FELIPE

É bom ver logo.

###### ARTUR

*Com certa esperança.*
Quem sabe eu não levei pau?

*Hesitam um momento.*

###### EDGAR

Vamos lá?

*Correm para papel fixado na parede: é o quadro de aviso da
faculdade. Todos passaram, apertam-se as mãos.*

COLEGA
*A FELIPE.*

Verdade que o Siqueira vai dar uma aula extra na sexta-feira?

4.
*Cursinho pré-vestibular. Noite. Sala menos apinhada.
Aula extra do* PROFESSOR SIQUEIRA, *que está no centro.
Todos no chão, em pé, de joelhos. Os quatro atentos
ao professor.* JUQUINHA *presente.*

PROFESSOR SIQUEIRA
*Calmo, preciso, sem terrorismo.*

... Não pode perguntar nada, não, se tiver dúvida, fica com a
dúvida. O que foi aprendido, foi, o que não foi, não existe. A
porta abre às quinze para as oito, todo mundo deve chegar às
sete, eu vou estar lá. E descansados, é preciso entrar calmo nas
provas. Eu sei que vocês estão cansados e que o calor está grande.
Mas isso não tem nenhuma importância, essa coisa a gente esquece logo, o lado ruim. O que importa é passar no vestibular, o
resultado. Enfim, o que eu quero dizer é que quem tiver menos
de sete na prova de amanhã leva porrada de quem tirou mais de
sete. O que eu ensinei pra vocês dá pra passar em dois vestibulares.

5.
*Sala da faculdade. Prova de Geometria.
Colocadas as cadeiras. Desta vez os rapazes escrevem
muito, fazem uma boa prova! Tique-taque rápido.* EDGAR *e*
FELIPE *entregam a prova juntos. Saem comportados.
Fora da sala, se abraçam.*

EDGAR

Eu tô maluco ou era o problema que o Siqueira deu ontem?!

FELIPE

Claro que era! Só com os dados diferentes!

*Veem o* PROFESSOR SIQUEIRA *emocionado sendo cumprimentado pelos alunos e pedindo calma e discrição.* EDGAR, FELIPE *e os outros o abraçam. Último a sair da sala,* JUQUINHA, *sozinho, vê alunos cercando o* PROFESSOR SIQUEIRA *e se aproxima.*

JUQUINHA
*Tímido.*

Professor, eu precisava falar com o senhor.

PROFESSOR SIQUEIRA *vê que é sério. Sai do grupo e se aproxima.*

PROFESSOR SIQUEIRA

Que que é, Juquinha?

JUQUINHA

É que caiu o problema que o senhor deu ontem de noite na revisão, professor. E eu errei assim mesmo. Confundi com outro. Eu sou uma besta, professor. O senhor tinha razão.

6.
*Casa do* FELIPE.
*Não dá tempo para namorar. Prova de Física.*
FELIPE *sussurra ao telefone.* DONA MARGARIDA *traz Toddy para ele.*

FELIPE
*Ao fone.*
... Eu morro de saudades, meu amor, quando de noite eu vou dormir, quando consigo tirar os números da cabeça, eu choro, molho o travesseiro...

ADRIANA
*Do outro lado da linha.*
Bobinho... É só um tempo. Logo a gente vai se ver, e muito...

FELIPE
*Sério de repente.*
Não sei mais viver sem você.

7.
*Casa de* PEDRO.
PEDRO *sussurra ao telefone. Ao fundo,*
*a mãe põe a mesa do almoço.*

PEDRO
*Ao fone.*
Então eu passo na porta do colégio pra gente se ver, mas tem de ser exatamente ao meio-dia e quinze. Mas dá tempo de a gente tomar um sorvete até meio-dia e meia, aí eu tenho de sair, que se eu não chegar até uma hora em ponto no estudo o Felipe me mata. Além do que eu levo pau.

MATILDE
*Do outro lado da linha.*
Mas tá bom, Pedrinho, quinze minutos tá ótimo, já dá pra matar as saudades. Eu também estou muito ocupada, tenho reunião da turma B das bandeirantes, que eu sou instrutora, e agora também resolvi fazer a aula de Inglês na quinta... de modo que mesmo se você tivesse tempo livre pra me ver, ia ser difícil...

PEDRO

Você está dizendo essas coisas pra me consolar.

MATILDE

*Estourando na risada.*

É, seu mau, como é que você descobriu?

8.

*Sala de estudos. Exaustos, os rapazes estudam Física.*

FELIPE

De seis às oito a gente pega Hidrostática. Aí ficam só faltando Mecânica, Termodinâmica, Ótica, Termostática e Eletromagnetismo. Aí a gente começa a revisão.

ARTUR

*Entra, como num tiroteio.*

Pá! Pá! Ptiuuuuu.

EDGAR

Artur, aonde é que você foi?

ARTUR

Fui ver o maior filme do mundo! *Shane!* (*Grita como no filme.*) *Shane! Come back, Shane! Mother loves you.*

FELIPE

*Abatido.*

Tô doido pra ver.

PEDRO

*Explode e joga um livro em* ARTUR.

Some daqui, Artur! A gente estudando, dando duro nesse calorão, e você vem falar em cinema?

ARTUR

*Acerta um tiro sensacional em* EDGAR.

Eu vou levar pau mesmo. Se passar, passo na sorte. Mas não estou a fim de parar de estudar, não. O importante não é vencer, é competir, e eu seria incapaz de deixar vocês sozinhos numa hora dessas. Olhem só o que eu trouxe.

*Despeja na mesa os comprimidos do vidro de Perventin. Abre sorriso. Passagem de tempo. O relógio marca duas horas da manhã. Os rapazes estão mais agitados do que nunca. Falam ao mesmo tempo.*

EDGAR

Porque é claro, se o corpo desloca aquela quantidade de água, a força que estava agindo sobre a água...

PEDRO

Verdade que ele saiu gritando "eureca"?

FELIPE

Vamos lá, pessoal, quinze minutos para esses três problemas.

ARTUR

Sabe que estudar é uma coisa legal? Se eu pudesse estudava tudo de novo: Álgebra, Geometria...

9.

*Sala da faculdade. Prova de Física.*
*Menos alunos. Acorde violento na música.*
O PROFESSOR *escreve os dados do problema de Física no quadro. Giz range, para aflição de* EDGAR.
O INSPETOR *distribui provas, inclusive ao* JUQUINHA.

JUQUINHA

Precisa, não.

INSPETOR

Como?

JUQUINHA

Precisa, não, seu Inspetor. Eu vou desistir.

*Levanta e vai saindo; na passagem, despede-se
de* EDGAR, PEDRO, FELIPE *e* ARTUR.

## 10.

*Sorveteria. Estudam e tomam sorvete.*

FELIPE

Bom, agora só falta Química. Mas Química, conforme todo
mundo sabe, não é Álgebra, nem Geometria, nem Física. Química não é pra entender, é pra decorar, e nós, como todo
mundo sabe, detestamos Química. Cadê o Artur?

ARTUR *entra.*

ARTUR

Eu fui na secretaria, fiquei dando uma volta por lá, aí eu soube de uma coisa, não sei nem como é que eu vou dizer isso
pra vocês, que estão aí estudando desde manhã...

FELIPE

Fala logo!

ARTUR

*Rindo.*

Eles transferiram a prova de Química para depois do carnaval,
o bando de tarados. (*Todos lívidos.*) E a maior desgraça é que eu
também passei em Física, de modo que vou ter de estudar também.

## 11.

*Sala da faculdade. Prova de Química.*
*Ainda menos alunos. Quadro-negro com fórmulas*
*químicas. É o final da prova.* PEDRO *entrega a prova.*
*A batucada carnavalesca reduz até o silêncio.*

INSPETOR
*Recebe a prova.*
Já, meu filho? O primeiro a entregar...

PEDRO
As questões que eu sabia já respondi. (*Sai e volta.*) É a última
prova, não é? Não tem mais nenhuma, não, né?

INSPETOR
*Rindo.*
Não. O vestibular terminou.

PEDRO
*Ri também.*
Nunca pensei. Nunca pensei que esse vestibular terminasse...

PEDRO *anda ao redor do palco. Os alunos saem*
*com as cadeiras.*
*Entra* MATILDE.

MATILDE
*Ansiosa.*
E aí? Como foi? Foi boa a prova? E Edgar? Felipe? Artur?
Quando é que vem o resultado?

*Ele tenta responder, mas, ofegante, não consegue falar.*
EDGAR *entra em cena, depois* FELIPE *etc.*

EDGAR
Passei! Passei!

### EDGAR

Epa! Eu! Passei! Só não foi com a média que eu esperava!

### PEDRO

Puxa! Passei raspando! Que sorte!

*Os amigos se abraçam emocionados.*

### ARTUR

*Tira uma carta do bolso.*

Gente, chegou a resposta do pai! (*Lê.*) "Não foi surpresa nenhuma para nós. Infelizmente, eu e sua mãe já sabíamos que você não ia passar. Diante disso, nada mais resta do que você voltar para São Paulo, ou melhor, para a fazenda, seu pai está precisando que você o ajude. As coisas não estão nada bem, e já está na hora de você começar a trabalhar. Segue dinheiro e passagem de volta."

### PEDRO

Foi você. Azar. Mas podia muito bem ter sido eu ou Edgar! Tranquilamente!

### FELIPE e EDGAR

Tranquilamente!

### ARTUR

*Reflexivo.*

Pois eu estive pensando muito. Tenho mesmo que voltar pra fazenda. Nasci pra fazendeiro. Não me acostumo com isso aqui! Quero voltar e não vou mais tentar vestibular nenhum. Tô com saudade de boi.

# Sétimo Capítulo
# Depois do dilúvio

### 1.
*Casa de* MEDEIROS. *Ele chega e encontra o pai ansioso.*

PAI DE MEDEIROS
Pegou o resultado?

MEDEIROS
Peguei...

PAI DE MEDEIROS
E...?

MEDEIROS
Pai... eu... levei pau!

PAI DE MEDEIROS
*Nervoso, derruba o café.*
Eu sabia, eu tinha quase certeza... Vagabundo!

MEDEIROS
Que é isso, pai?! Você não pode ficar nervoso.

PAI DE MEDEIROS
Você quer me matar? Você não presta, não presta... Ladrão!

MEDEIROS

*Revida.*
Olha lá o que o senhor vai fazer, pai! Olha lá!

*O pai corre atrás de* MEDEIROS, *de cinto na mão.*
MEDEIROS *o dribla e se livra. Tensão cresce.*
MEDEIROS *grita desesperado.*

PAI DE MEDEIROS
Eu te mato, filho desgraçado!

MEDEIROS
Dobra essa língua, velho, que eu também tenho nervos...

PAI DE MEDEIROS
Maldita a hora em que você nasceu. Vagabundo! Ladrão! Pensa que me engana, sei muito bem que foi você que roubou lá na academia...

MEDEIROS
Sou ladrão, sim. Fui eu que roubei sim, e daí? Aqueles caras gostavam de me sacanear... Roubei, e daí? Por quê? Pior foi você, que matou mamãe! (*Grita.*) Você matou mamãe!

2.
*Bar.* EDGAR *no caixa.*

EDGAR
Um chiclete Adams de fruta, por favor!

CAIXA
Dois centavos.

MEDEIROS *chega atrás no caixa. Não vê* EDGAR
*na sua frente.*

OS MELHORES ANOS DE NOSSAS VIDAS

MEDEIROS

Uma cana!

EDGAR

*Virando-se.*

Olá, Medeiros!

MEDEIROS

Olá, Ed!

EDGAR

Tchau!

*Eles se afastam.*

MEDEIROS

Tá indo pra onde?

EDGAR

Pra casa. Tô tratando dos documentos pra matrícula.

MEDEIROS

Eu também vim tratar dos documentos para o Exército. Não passei na Marinha. Vou ter que servir!

EDGAR

Ô, rapaz, eu vou pra casa! Você vai pra onde? Olha, se meus velhos não estivessem em casa...

MEDEIROS

Enquanto não sirvo, vou arranjar um emprego.

EDGAR

Também tô com muita vontade de ter o meu dinheiro. Não ter que dar satisfação a ninguém, nem pai, nem mãe...

*Passam em frente a uma obra. Um pau de arara amarra sua trouxa.*

MEDEIROS
*Imita o sotaque do nordestino.*
Que que há, ô, Severino... (A EDGAR.) Todos chamam Severino. (Ao OPERÁRIO, rindo.) Amarrando a trouxa do banquete?

OPERÁRIO
Rindo de quê? Não tem vergonha? Tua mãe não te ensinou a respeitar os outros?

EDGAR *tenta intervir, mas* MEDEIROS *já pegou a chance.*

MEDEIROS
Não tenho pai nem mãe. Vim do ovo da galinha. E você, do ovo de urubu.

OPERÁRIO *avança sobre* MEDEIROS. *Outro o agarra.*
MEDEIROS *ataca com chutes.*

EDGAR
*Apavorado.*
Que é isso, Medeiros?

MEDEIROS
Esses paus de araras são muito metidos. Estão pensando o quê?

OPERÁRIO
*Com raiva.*
Oxente!, tu cala essa boca, que eu tava aqui muito quieto, e você pegou a zombar de mim...

MEDEIROS
Vai à merda, vê se tua mãe tá pegando homem!

*E avança sobre o operário. Rolam no chão.*
*Junta gente, ninguém intervém.*

OPERÁRIO

Limpa essa boca, desgraceira de vida!

*Mais forte,* MEDEIROS *bate no homem. Alguns, como*
EDGAR, *tentam apartar.* OPERÁRIO *acerta chute em*
MEDEIROS, *que se enfurece. Dá joelhada e cotovelada no*
*nordestino, que cai longe, cuspindo sangue.*

EDGAR

Para, Medeiros!

MEDEIROS

Vamos ver se ele é homem...

*Num salto, volta a atacar. Neste momento a ação torna-se*
*lenta, e o inesperado advém. O* OPERÁRIO *mete a mão*
*dentro da camisa e puxa uma peixeira.* EDGAR *vê o aço*
*brilhar.* MEDEIROS *também vê, mas não consegue parar o*
*salto. Ao cair sobre o homem, a faca o espera. E enterra*
*fundo. O homem puxa a faca, rasga a barriga de* MEDEIROS.
EDGAR *impotente. O homem abre caminho e foge.*
MEDEIROS *rola, deixando sangue no chão. Sirene aberta da*
*ambulância. De olhos fechados,* MEDEIROS *mal respira.*
*Edgar fica ao lado dele.*

EDGAR

Medeiros... (*Ele abre os olhos.*) Como é teu telefone? Vou
telefonar pro teu pai...

MEDEIROS *quer falar e não consegue.*

ALGUÉM

Você é parente dele?

EDGAR

Não.

ALGUÉM

Amigo?

EDGAR
*Depois de um tempo.*

Sou.

*Sirene de ambulância cresce.*

3.
*Jardim de hospital.*
*Os rapazes estão perplexos. Nenhum deles tinha*
*proximidade com a morte. Cada um reage a seu modo.*

FELIPE
O que é a morte? Por que morremos? Por que nascemos?

EDGAR
Se vocês tivessem visto! Foi num segundo, quando eu vi...

ARTUR
Dizem que a faca atingiu o intestino e o fígado...

PEDRO
Só o amor justifica a vida e a morte.

ARTUR
Ele sempre procurou briga. Será que ele vai mesmo morrer?

EDGAR
*Num rompante.*
Tô botando dinheiro como não morre nada. O Medeiros?
Quer dizer, não quero ganhar dinheiro à custa disso... por-

que não dá pra entender, né? Que o cara tá aqui lutando, comendo, amando, de repente... Não dá pra entender. Eu, se algum dia morrer...

*Cala-se, percebe o sem-sentido do que disse.*

FELIPE
Nós todos vamos morrer, Edgar.

PEDRO
Todo mundo morre. É da vida.

ARTUR
Claro, morre.

*Silêncio.*

EDGAR
Daqui a 100 anos todo mundo que a gente conhece vai estar morto! É melhor a gente voltar pra ver o Medeiros.

*Um enfermeiro passa no corredor.* ARTUR *o alcança.*

ARTUR
Você não viu aquele senhor que estava aqui?...

ENFERMEIRO
O pai do rapaz?

FELIPE
É.

ENFERMEIRO
Está no quarto com ele. Vocês são colegas?

PEDRO
Somos.

ENFERMEIRO

Olha, sinto muito, mas ele está mal. O pai entrou por isso. Nem deu pra operar. A hemorragia interna está muito grande, não temos o que fazer.

ENFERMEIRO *desaparece. Os quatro ficam soltos no meio da vida.*

## 4.
*Quarto do hospital.*
O PAI DE MEDEIROS *chora na cabeceira do filho. Os rapazes também.*

MEDEIROS
*Difícil falar.*

Não chora, não, pai. Prometo que quando eu ficar bom nunca mais vou brigar... (*De repente, delirando, vê alguém, e fala com ódio.*) E você, quem é? Não te conheço, merda. Vá pra puta que o pariu, acha que pode comigo? *Tenta enfrentar aquele inimigo, mas seu coração não resiste.* MEDEIROS *está morto.*

## 5.
*Festa, final.*
*Valsa suave, espocar de champanhe. É a festa de comemoração do vestibular, todos contentes.* MATILDE *entra com bandeja de taças. Eles servem e dizem os nomes dos sete personagens.*

ADRIANA

Edgar... Artur... Pedro...

FELIPE

Adriana... Sarinha.

**MATILDE**

Juquinha... Tadeu...

**EDGAR**

Matilde... (*Ergue a taça.*) E agora, senhores, um brinde. Ao futuro!

**TODOS**

Ao futuro!

**ARTUR**

*Ergue sua taça.*

Eu queria brindar a um casamento! Pedro... e Matilde!

*Zoeira e gozação geral.* MATILDE *e* PEDRO *se beijam.*

**FELIPE**

*Ergue sua taça.*

Pera aí, pessoal. (*Silêncio.*) Tem um que eu não quero deixar de fazer... Que nós estejamos sempre juntos, que não deixemos nunca de nos ver.

**ADRIANA**

Nesse sim! Nesse eu entro.

*Brindam todos.*

**EDGAR**

Agora a foto, não pode faltar a foto.

*Reúnem-se todos. Um som de transe cruza o teatro.*
*Todos os personagens da peça se reúnem.*
*Um clarão fixa a imagem.*

## 6.

*Epílogo.*

NARRADORA, *ao microfone, interrompe os aplausos.*

NARRADORA

Última cena, ou melhor, epílogo. Os rapazes; Felipe, Edgar, Pedro — porque Artur não está mais no Rio — vêm saindo da faculdade. Estão diferentes, embora ainda carreguem livros. Afinal, agora são alunos da faculdade.

FELIPE

Correndo ainda dá tempo.

EDGAR

Adriana vai?

FELIPE

Não, ela tem de estudar.

EDGAR

Matilde vai?

PEDRO

Também não, mas depois eu repito com ela.

## 7.

*Cinema. Fim da sessão.*
*Os rapazes sentados, pipoca na mão. Levantam-se.*
*Fim do filme.*

PEDRO

Gostou?

FELIPE

Achei mais ou menos. Legal.

PEDRO

Não gostei, não.

EDGAR

Achei interessante, mas não é pra essa onda toda. Que que é isso?

FELIPE

Dizem que nos Estados Unidos tá acontecendo isso na porta dos cinemas, por causa do filme.

EDGAR
*Divertindo-se.*
A turma não tem mais o que inventar!

*Uma garota, de uns 16 anos, seguida por garotos, põe no chão uma vitrola a pilha. O disco roda. É "Rock around the clock". Os garotos dançam loucamente, todos se animam.*
*A porta do cinema vira uma pista de dança*
*com o rock e sua alegria.*
*Nossos rapazes olham a dança, de repente estão cercados*
*pela garotada. A garota de 16 anos chama* EDGAR *para*
*dançar.* EDGAR *aceita de boa vontade, mas fica meio esquisito dançando a nova dança.* PEDRO *acha engraçado.* EDGAR
*para de dançar. Outra menina chama atenção. Dança*
*soltíssima, bravia. Os quatro rapazes se entreolham e têm,*
*os quatro ao mesmo tempo, a estranha noção...*
*de que não são mais tão jovens assim.*

O texto deste livro foi composto em Sabon,
desenho tipográfico de Jan Tschichold de 1964
baseado nos estudos de Claude Garamond e
Jacques Sabon no século XVI, em corpo 11/15.
Para títulos e destaques, foi utilizada a tipografia
Frutiger, desenhada por Adrian Frutiger em 1975.

A impressão se deu sobre papel off-white 80g/m²
pelo Sistema Cameron da Divisão Gráfica
da Distribuidora Record.